大国崛起之谜

THE MYSTERY OF THE RISE OF THE GREAT NATIONS

李超民 ◎ 著

图书在版编目（CIP）数据

大国崛起之谜：美国常平仓制度的中国渊源 / 李超民　著.
—北京：中央编译出版社，2014.8
ISBN 978-7-5117-2219-5

Ⅰ．①大… Ⅱ．①李… Ⅲ．①农业政策—研究—美国
②农业经济—经济思想—研究—中国—古代 Ⅳ．①F371．20　②F329

中国版本图书馆 CIP 数据核字（2014）第 141829 号

大国崛起之谜——美国常平仓制度的中国渊源

出 版 人	刘明清
出版统筹	董　巍
责任编辑	邓永标
责任印制	尹　珺
出版发行	中央编译出版社
地　　址	北京市西城区车公庄大街乙 5 号鸿儒大厦 B 座（100044）
电　　话	（010）52612345（总编室）　（010）52612371（编辑室） （010）52612316（发行部）　（010）52612615（网络销售） （010）52612346（馆配部）　（010）66509618（读者服务部）
传　　真	（010）66515838
经　　销	全国新华书店
印　　刷	北京紫瑞利印刷有限公司
开　　本	710 毫米 ×1000 毫米　1/16
字　　数	198 千字
印　　张	13
版　　次	2014 年 8 月第 1 版第 1 次印刷
定　　价	48．00 元

网　　址	www．cctphome．com　　邮　箱　cctp@ cctphome．com
新浪微博：@中央编译出版社　　微　信　中央编译出版社（ID：cctphome）
淘宝店铺：中央编绎出版社直销店（http：//shop108367160．taobao．com）

本社常年法律顾问：北京市吴栾赵阎律师事务所律师　闫军　梁勤
凡有印装质量问题，本社负责调换。电话：010-66509618

北京市属高等学校人才强教计划资助项目

目录

总序　魂兮归来，重返中国 …………………………………… 1

第一章　华莱士与美国农业大萧条
第一节　中华文明对美国的影响 …………………………… 17
第二节　华莱士家族与美国农业问题 ……………………… 24
第三节　华莱士对常平仓思想的论述 ……………………… 35

第二章　美国常平仓制度的中国渊源
第一节　中国古代常平仓思想与制度源流 ………………… 73
第二节　华莱士思想的中国印记 …………………………… 83
第三节　美国关于常平仓建设的论战 ……………………… 114
第四节　埃及史上有常平仓吗 ……………………………… 142

第三章　大萧条中美国常平仓制度的诞生
第一节　农业大萧条与美国农业政策 ……………………… 153
第二节　常平仓制度的尝试 ………………………………… 166
第三节　常平仓制度成为美国永久农业立法 ……………… 178

申论"常平仓"、民族复兴与农业政策 ……………………… 195

谢辞 ……………………………………………………………… 201

图表目录

图1 亨利 A. 华莱士（1888～1965） …………………… 27
图2 《华莱士日记》忠实记载了他的常平仓思想过程 …………… 51
图3 古代常平仓在我国各县设置：偃师县（戊申、1788年） …… 81
图4 已历600余年风霜的"蔚州常平仓"为全国重点文物保护单位
　　……………………………………………………………… 82
图5 陈焕章（1881～1933） ………………………………… 87
图6 陈焕章博士论文《孔子及其学派的经济原理》，1911年出版
　　……………………………………………………………… 88
图7 富兰克林·H·金（1848～1911） ……………………… 97
图8 富兰克林·H·金对美国大运河建设的设想 ……………… 102
图9 王安石（1021～1086） ………………………………… 105
图10 1937年5月1日纽约《星期六晚邮报》报道了中央广场常平仓
　　 论战 ……………………………………………………… 137
图11 美国常平仓的管理：1937年农产品信贷公司职员在工作 … 172
图12 美国常平仓的管理：1938年联邦过剩农产品救济公司在分发食
　　 品 ………………………………………………………… 173
图13 美国常平仓：爱荷华州格兰迪中心库（Grundy Center, Iowa）
　　 ……………………………………………………………… 184
图14 美国常平仓计划封存的玉米：爱荷华州舍尔比县（Shelby County, Iowa） …………………………………………………… 188
表1 美国本土的四大地区农场经济结构 ……………………… 155

总 序

魂兮归来，重返中国

百年中国，是一个文化上丧魂落魄的中国。

人无魂，行尸走肉。国无魂，国将不国。

六十年前，伟人毛泽东向世界宣告：中国人民从此站起来了！中国终于走出饱受西方列强掠夺欺凌的悲惨境地，赢得了国家主权独立。

独立，一个人和一个国家多么宝贵的站立姿势。

六十年的和平，没有挨揍受欺了，来之不易。众多知识"精英"福不知福，以为和平本来自然。六十年中国人民辛勤建设，曾经如一滩烂泥任人践踏的国度，如今已成为具有一定物质经济实力的国家……

然而细观当下，中国依然在文化上丢魂失魄，没有自己的文化之魂。用时髦话语说，中国没有自己文化的"软实力"。政论学理，都是西方话语，一切皆以西方"普世价值"为归依。

文化上的无魂状态，导致了中国某些知识"精英"膜拜西方的文化迷狂。这是今日中国最凶险的祸根所在。

百年中国，何以丢魂？

鸦片战争，惊魂伊始。甲午战败，八国联军入侵，终于魂飞魄散。五四新文化运动打倒孔家店，荡然无魂矣。

中国文化"精英"自绝于自己文化，全身心拥抱西方文化，二十多年前的一套《走向未来》丛书，还有电视片《河殇》，可谓登峰造极。西方即"现代"，西方即未来。中国的文化"精英"们西向而跪，口中念念"走向未来"，"走向世界"，痴痴然神往西方，魂迷西方。

被人打败了就认人家文化高明，问题未必尽然如此。中国历史上，汉家王朝两次被外族打败，读书人们并无文化自卑。西方历史上，德意志诸邦，当初被拿破仑大军横扫，那里的文化人也无自卑，反而激起了他们去文化寻根，唤醒他们的"民族"意识，甚至面对侵略者涌出一种文化自豪和优越感（赫尔德等人的"文化民族主义"）。因此，纯粹的军事失败，不是造成中国读书人在文化心理上如此溃败的根本原因。

事实是，西历1500年以来，西方列强对非西方民族进行军事侵略、经济掠夺和种族灭绝（北美澳洲）的同时，还伴随一种"文化灭绝"政策。这种文化灭绝，对弱势族群是直接剥夺其语言文化，代之以西方语言和宗教。而对中国和伊斯兰等更深厚悠久的文化，西方文化卫道士们编撰历史，采取了美化自己、污蔑对方的策略，诱使这些民族毁弃自己的文化，转而崇拜西方文化，心悦诚服地接受西方"普世价值"的统治。

整个一部我们今天在大学、图书馆和媒体读到的西方史或世界史，是西方人虚构伪饰、然后向我们灌输的历史。一部几百年充满血腥的西方暴发史，被美化成自古就高贵、自古就理性、举世野蛮我独文明的历史。

这是一部人类知识史上最大的伪史，其笔法叫"进步论"，也即人们熟知的社会进化论。西历1780年左右，社会进化论在西方出现之时，即是西方文人编撰伪史之始。

根据社会进化的学说，西方文明上接古希腊文明，继而文艺复兴，进步最快，最先到达"现代"。全世界独有西方历史是文明历史，照耀着文明、理性的光辉，其余人类，包括中国，皆处于蒙昧、野蛮、停滞的黑暗状态，需要西方文明去"普世"。这就是西方向全世界芸芸众生一直灌输的"正史"。

百年前，在中国被西方列强百般欺凌的悲风凄雨中，严复将社会进化论——"天演论"引入了中国，从此社会进化论一统中国知识界天下。社会进化论衡量一个社会的标准，是物质技术、经济基础或生产力的水平。一个社会的物质经济水平高，其文化就先进。物质经济水平低，其文化也落后。中国物质既水平低，文化必"落后"，历史也"专制"。中国读书人开始自认愚昧、落后、劣根。

更有甚者，中国读书人还反用了社会进化论是中国文化的落后，才造成中国政治、军事、物质经济的整体落后。

百年来，正是社会进化论给中国人带来的文化自卑感，根本地诱使中国人丢掉了自己的文化之魂。社会进化论已成为中国知识分子真正的精神鸦片，深度熏毒在朝在野的中国知识精英，致使今日中国在文化上依然没有站起来。

对这部西方伪史，一些有正义感的西方学者早已进行批判。五十年前，法国文化人类学家克洛德·莱维—施特劳斯"（Claude Levi-Strauss），揭露社会进化论独尊欧洲文化"进步"，别人"停滞不动"，实质上是欧洲"种族中心主义"（《种族与历史》）。

最近国内出版的英国历史学家约翰·霍布森（John M. Hobson）的《西方文明的东方起源》[①]，也大破欧洲中心主义历史观，以翔实的史料告诉我们：西历500～1800年期间，是一个"东方全球化"时期，东方文明主导世界。中华文明和伊斯兰文明在农业、工业、科技等方面长期领先于西方。

西方文明不是象孙悟空那样从石头缝里自己蹦出来，自生自长，而是受到了东方文明的滋养。被奉为西方历史文化源头的古

[①] 约翰.霍布森：《西方文明的东方起源》，孙建党译，山东画报出版社，2009年。

希腊文化，也非当地原创，而是深受东方文化和古埃及文化的浸濡。毕达哥拉斯的数学和几何学定理，渊源于古伊拉克。美国康奈尔大学教授马丁. 贝尔纳1987年出版的《黑色雅典娜：古典文明的亚非之根》①，更是明确指出：雅典文化不是当地原生，而不过是古埃及文化的辉映和传承。古埃及对于雅典的影响，就像中国对于日本的影响。

学者何新最近撰文，《没有"古希腊哲学"，只有古中东哲学》，指出今天被认作是"古希腊哲学家"的，几乎都属于今日土耳其的亚洲。所以，希腊也不过是西方最靠近东方、吸收东方文明的一个窗口。

航海技术本是中华文明的发明，伊斯兰也做出重要贡献。伊斯兰航海家伊本·马吉德，早在葡萄牙人达·伽马之前就绕过好望角，沿西非海岸进入地中海。达·伽马去印度，也是一位伊斯兰人做领航员。近年更有英国前海军领航员孟席斯（G. Menzies），考证出郑和不仅到达东非海岸，还绕过好望角，在西历1421年到达美洲。②

中国在宋代就发生了一场工业奇迹和军事技术的革命。中国的钢铁产量，甚至印度的钢铁产量长期领先于欧洲。"1788年英国的钢铁产量，仍低于中国在1078年的水平。"（霍布森）西历

---

① 马丁. 贝尔纳：《黑色雅典娜：古典文明的亚非之根》，郝田虎、程英译，吉林出版集团有限责任公司，2011年。
② 加文·孟席斯：《1421：中国发现世界》，师研群译，京华出版社，2005年。

1600年以后，随着西方耶稣会士来到中国，将中国发明的马颈轭挽具、铁制铧犁、风车、条播机等传回欧洲，引起了欧洲的农业革命。英国的"工业革命"，也有技术上的"中国起源"。

西欧地区长期作为世界文明圈的边缘和后发地区，大量吸收借取了中华文明和伊斯兰文明的成果和科技恩惠。意大利的"文艺复兴"不只是从阿拉伯文献中发现了古希腊文化，而是同时大量吸收阿拉伯科技知识。哥白尼的日心说，不仅古埃及著作早已有之，伊斯兰学者沙蒂尔（ibn al–Shatir）在之前150年也已提出。许多被当作西方独创的科技成果，其实都借取自中华文明和伊斯兰文明。只是在最近两百年，西方消化改进其他文明的科技成果，后发优势实现科技领先，尤其靠了帝国主义军事征服和殖民掠夺，才暴发起家。

西历1500年前后，西方正史称意大利发生了一场"文艺复兴"运动：复兴古希腊古罗马文化。其实当时的西欧，与古希腊八竿子打不着。时间上，古希腊文化湮灭已久，典籍流落在阿拉伯的图书馆里。地理空间上，希腊地处东方的拜占庭帝国。古罗马文化在意大利，早已覆灭于入侵的"蛮族"（今日西欧诸国的真正祖先）。① 基督教对古希腊古罗马"异教文化"也长期采取严

---

① 古罗马人把边界外的日耳曼人称为野蛮人，"蛮族"。西欧原先居民主要是凯尔特人。后来迁徙来了哥特人、汪达尔人等日耳曼"蛮族"。英国和德国的盎格鲁-撒克逊人属于日耳曼人，法国祖先法兰克人也是日耳曼人的一支。西班牙葡萄牙的祖先较杂，有哥特人、汪达尔人和其他民族。所以说，今日西欧诸国的真正祖先都是"蛮族"。

厉的毁灭政策。

因此，所谓的西欧"文艺复兴"，实际上可谓一个文化认祖事件——指认古希腊作为自己历史文化的始祖。其风马牛，好比唐朝李姓皇帝因有胡人血统，硬要攀认一千余年前姓李的老子为祖宗，而把老子到李姓皇帝中间一大段空白叫"中世纪"。

文艺复兴之所以从意大利开始，正是因为意大利最靠近东方，是野蛮欧洲窥望东方的一个窗口。当时的意大利人，从阿拉伯和拜占庭的文献里，惊奇地发现古希腊文化有"以人为本"的思想，于是借古希腊来要求"以人为本"，因为当时的西欧非常不"以人为本"。

在这所谓的"中世纪"，西方教会严酷，邦国林立，强盗横行，瘟疫蔓延，民不聊生。那一轮又一轮的十字军"东征"，可谓打着宗教旗号，一次又一次西方"倭寇"到东方来烧杀抢掠，到处屠城。那些邦主国王，常常是一些强盗头目。（直到英国伊丽莎白女王，还跟海盗合伙做生意，人称"海盗女王"。）农民们只好依附有城堡保护的贵族领主当农奴。中世纪封建制下的农民是一些真正的奴隶。绝望之下，宗教盛兴。所以当时欧洲人到处都拼命垒石块，建造向上天飞升的哥特式教堂。

西历1450年前后，欧洲西部几百个野蛮小邦国，从意大利开始，借助东方阿拉伯文献，攀认已死灭的古希腊文化，终于开始了自己的文明历史。

把长达一千年的时间都叫做"中世纪"，是不是有点太长了？

硬攀别人为始祖，究竟有些牵强。如果没有开头，也就无所谓"中世纪"。因此在相当意义上，西方的文明历史，仅仅开始于西历1450年前后向东方文明的学习，迄今不过500多年，开始于中国明朝中叶。但西方拿了别人的东西，西方人写历史全然不承认。

而中国文化，尽管有种种弊端，但是一个非常早熟的文化。智慧，中庸、圆融，不走极端，极其人情人性，并历久不绝。中国的历史，大体上是一部相当文明的历史。中国大体上没有西方社会长期存在的奴隶制（美国这样的新生国家当初不仅有黑奴还有白奴），正说明中华文明的"人道"。

中国文化把"和"字推到至高无上。道家与天和，儒家与人和，佛家与己和。人与自然、与社会、与自己，天人合一，万物"共和"。"太和"成为中国皇宫主殿的名字，意味深长。

中国的政治、经济、社会管理思想，早在先秦就已显示了高度的智慧。荀子和孟子的"为民"（民本）政治学说，是人类政治文化中的奇葩,,于今依然影响着中国的政治现实。荀子把君民关系比作舟水关系，"水之载舟，水之覆舟"，千古妙喻。一部《孟子》，已把君与民、政府和百姓的政治关系说透讲绝。

管子的"轻重"之术，旨在国家的经济管理，是"政治经济学"的瑰宝。政府储备粮食的"常平仓"制度，堪称一项伟大的经济管理的创举。秦朝就完成的中央集权政制（郡县制），本是非常"现代"的社会管理形式，西方只是到了现代民族国家才告完成。选贤与能的科举制，摧毁了贵族世袭，平民也能进入社会高层，使得中国社会长期享有广泛的社会平等。明朝内阁，是西方现代内阁政府的模仿原型。西方现代公务员制起源于模仿中国科举制，更是为西方学界所公认。

中国的诗文之丰富，汉语之精妙，无与伦比。中国艺术之精雅，丝绸陶瓷之高贵，园林建筑之优美，都是人类智慧的杰作。

西历18世纪，西欧诸国盛行"中国风"。中国是整个西欧社会神往的人间天堂，就像今天芸芸国人神往美国一样。不仅中国的茶、丝绸、陶瓷、中国式"花园"风靡英法，而且中国社会的"开明君主"、文人当政、社会平等、宗教宽容等，也对西方启蒙运动提出"理性"的概念，批判宗教不宽容和君主专制，发生重大影响。法国哲人伏尔泰崇拜孔子，把孔子像供于书房。另一法国哲人魁奈，人称"欧洲孔夫子"，尤其崇尚中国"无为而治"的思想，将"无为"翻译为"放任"（laissez-faire），后来该词风行英语世界，成为英国亚当·斯密和边沁的"自由主义"的直接来源。

在西历1780年之前，西方人一直崇拜中国文化。只是在西历1780年之后，西方文人逐渐生起西方文明优越感，抛出各种版本的欧洲中心主义。进步论（社会进化论）宗师孔多尔塞，明确把英法两国作为人类最"进步"的文明。进步论的另一重要人物黑格尔，也把中国说成是在"历史"之外，没有进步，一个"停滞的帝国"。马克思继承了黑格尔，也把中国描述成落后的"亚细亚生产方式"，归入"东方专制主义"。

整个西历19世纪，西方一片欧洲中心主义论调，全世界只有西方"进步"、"文明"，其余世界，伊斯兰、中国、印度、日本等地，都是蒙昧野蛮。中国被描绘成停滞、封闭、专制，中国人也是一副愚昧、迷信、邪恶、劣根的形象。

可悲的是，近代某些中国知识精英，全盘接受了西方灌输的西方"文明"、东方"专制"的伪史说法，痛感中国文化的"劣根性"，全面否定中国文化，要求全盘西化。

西方帝国主义新秀美国，为了在文化上影响控制中国，深谋远虑在中国大办教育，并用庚子赔款的一半来培养中国留学生，一百多年来在中国培养了一代又一代亲美知识精英。这些精英把美国看作人类正义、道德的化身，全然不知美国在世界上好话说尽、坏事干绝。美国当年对印第安人搞种族灭绝，蚕食墨西哥，侵占菲律宾，甲午战争美国帮助日本打败中国，抗战初四年美国也向日本出口钢铁和航空汽油，援助日本侵略中国，如今又打伊拉克占阿富汗，在南海挑事……去看看美国麻省理工学院教授乔姆斯基（N. Chomski）对美国累累恶行、斑斑劣迹的揭露吧！只是这些恶行劣迹绝少出现于世界和中国的主流媒体。

二战以后，西方（美国）主流媒体，延续了西方中心主义老调，换成西方"自由民主"、东方"专制独裁"的冷战说法。中国的亲美知识精英，只会重复西方主流媒体颠覆苏联、中国的文化战舆论，对中华民族伟大的民族英雄毛泽东、对中国革命、对新中国前三十年的建设成就百般造谣抹黑。对抗美援朝这场中华民族第一次主要凭自身力量打败西方列强的伟大立国战争,长期实施媒体静音,不许纪念和赞扬,唯恐得罪了美国。

这些知识"精英",亲美国之所亲,仇美国之所仇,一如既往地文化自卑,文化自虐,只会几十年如一日叨叨西方"民主"中国"专制"的陈词滥调,无视中国文化与西方文化巨大的文化历史差异。这些宣称要对中国百姓启蒙的知识"精英",自以为"独立思想",其实是被美国颠覆中国的文化战舆论所洗脑,陷于一种真正的新蒙昧主义。

中国文化并不落后,更不"劣根""专制"。中国文化的核心概念——仁、义、为民,可以对等西方文化的核心概念——人权、自由、民主,双方并无高下优劣之分。"为民"和"公天下"的中国式大一统中央集权,是中国政制的根本铁则,善莫大焉。简单将其等同于"专制"、"极权",并无理论和事实的根据。

人必自侮而后人侮之。一个在文化上自侮的民族,是永远没有希望的。中国人再也不应该无知地轻贱自己文化,膜拜西方文化。如果今天的中国人还不能真正反省百年中国的文化自卑,反省百年中国在文化精神上丧魂落魄,那将是我们的失责和罪过。

整个我们对西方"正史"、对中国自己历史的知识体系,应当推倒重来。

新中国已过了60年一个甲子，应该有一个历史的转折了。

面对新蒙昧主义笼罩的中国知识界，本丛书试图重新肯定中国文化的价值，重新发现中国文化的智慧，同时揭示西方历史和社会的真相。

魂兮归来，重返中国！只有重返中国文化的源流，在文化上站起来，中华民族才能真正复兴。

中国被西方教化日久，重归自己的精神家园、重续自己的文化根脉，一定充满困难曲折。但归故乡之路，必定亲切，充满了惊喜……

河清　庚寅仲夏于杭州

内容提要

本书通过大量第一手文献资料，令人信服地证明，中国古代思想至今仍对世界经济稳定发展发挥着根本作用。当今美国农业经济稳定的根本制度"常平仓"，其思想核心来自对中国古代的常平仓体制、以及王安石创行的"青苗法"和"市易法"等变法措施的吸收与借鉴。

我国古代良政之一的常平仓政策，曾为财政税收、保护农业、稳定经济、救灾救荒事业做出过无可替代的贡献。北宋王安石变法对于常平仓的现代化改造极为成功，其中"青苗法"和"市易法"作为变法的核心措施，不但解决了农产品生产保护政策的建立，而且为后代解决农产品过剩和经济波动问题提供了最有力的借鉴，当代许多伟大的经济学家对此均有定论。美国大萧条时期，农业部长亨利·华莱士，在长期研究中国古代经济思想过程中，把常平仓思想原理、"青苗法"和"市易法"实践加以复活，结合美国资本主义农业现实，通过立法方式，建立了美国永久的现代常平仓制度。其制度核心是《1938年农业调整法》，体制建设上借鉴常平仓和"青苗法"、"市易法"，成立了农产品信贷公司（CCC）和联邦过剩农产品救济公司（FRSC），分别执行对于农业和城市的经济稳定工作，还成立了一系列机构执行农产品保险等惠农政策。常平仓制度为美国彻底战胜大萧条奠定了根本基础。史料证明，中国古代常平仓思想是由清末翰林陈焕章博士介绍到美国的，他在哥伦比亚大学的研究，在全世界极大传播了中华文明的影响，为中国古代制度的当代复活，为美国战胜大萧条做出了思想贡献。

本书的目的是，再次证明中国古代思想的伟大，提高中国人民的民族自信，更重要的，是通过我国伟大民族遗产的总结和挖掘，为中华民族的崛起、为中华民族复兴大业贡献思想材料。

本书根据上海财经大学李超民博士学位论文《常平仓：美国制度中的中国思想》改编。

2014年7月

第一章

华莱士与美国农业大萧条

第一节　中华文明对美国的影响

中华民族对世界文明史有巨大贡献，中华文化对西方文明的发展产生过持久影响。关于中国古代经济思想对西方的影响，学者已经得出了一致见解。当代著名中国经济思想史学家、上海财经大学原校长谈敏教授在其名著《法国重农学派学说的中国渊源》中指出，18世纪法国重农学派思想家们全面借鉴中国古代思想，产生了现代经济学思想先声——重农学派经济学说。诺贝尔化学奖获得者普里戈金（Илья Рома́нович Приго́жин，1917~2003，又译"普利高津"）指出："中华文明具有了不起的实践，中华文明对人类、社会与自然之间的关系有着深刻的理解。""中国的思想对于那些想扩大西方科学的范围和意义的科学家来说，始终是一个启迪的源泉。"从开国之父华盛顿（1732～1799）、托马斯·杰佛逊（1743～1826）和富兰克林（1706～1790）那里，美国人读到过有关中国文明现状的文字，影响到他们对中国的认识。1979年春节，美国总统卡特（1924～）向居住美国的全体华人发表贺词，他说："历史悠久的中华文化，对于我们永远是一种启示；中国的艺术，使我们的生活更加丰富多采；许多华裔同胞在活跃和加强我国社会生活方面做出了不可估量的贡献。"

中华文明对美洲的影响早就开始了。美国人早就开始注意东方的农业大国中国了，中国对美洲的影响长期而深入。美洲殖民地在欧洲人1604年到达时，还是一片不毛之地，而华盛顿、托马斯·杰佛逊和富兰克林无不希望，未来在美洲建立的新国家是纯粹农业社会，典范就是中国。从18世纪开始，中国开始对美国产生直接影响。1768年，富兰克林在巴黎结识了魁乃（Francois Quesnay，1694～1774）和米拉波爵士（Victor Riqueti Mirabeau，1715～1789）等法国重农学派经济学家。富兰克林非常欣赏来自中国的重农学派的思想学说。他还曾表示过希望到中国来访问。他的理想是建立纯粹的美国农业共和国。在美国人眼里，富兰克林对中国给予了充分关注，他喜爱阅读有关中国的书籍，中国给他的印象是，人民穿着丝绸，食物充足，而且还有大量原料以及精工制作的丝绸用于出口。他细心研究中国农业和养蚕业，思虑那些可以被美国利用。当他得知浙江农民采集桑叶、每年两季喂养蚕虫时，认识到那里有可能是数量巨大的丝绸。他从欧洲带回桑树叶和蚕虫试养，幻想像中国人一样，使美国丰衣足食。富兰克林在美国科学研究会成立大会的祝词中，对中国称羡倍至，希望美国同中国一样，在较短时间内拥有资源和财富。他说，如果我们能够引进中国人的勤劳、生活艺术和改良农业的方法，美国很快会像中国那样遍地炊烟。杰佛逊也倡导，美国应该永远保持农业国地位。杰佛逊同样受魁乃影响，推崇农业立国政策，把中国作为建立美国农业理想国的楷模。他们的思想对美国后来都产生了很大影响。

中国的农业文化对美国影响很大。美国首任农业部长伊萨克·牛顿（Isaac Newton，1800~1867）认为，中国是美国的榜样，他要求派遣农业科学家到中国研究农业。牛顿提出，派遣一名受过教育、勤奋而可靠的人到中国，根据知识采购种子，仔细地研究中国人的制糖方法。牛顿认为，美国必须永远保持农业国地位。他说，中国是美国学习的榜样，那些我们看不起的古老国家，在农业方面为我们上了有价值的一课。中国人通过精耕细作、作物轮种、使用各种肥料，他们的土地几千年来一直不减产。而受美国农业部派遣多次到中国搜集植物和种子的弗兰克·梅耶（Frank N. Meyer，1875~1918）认为，中国水稻种植方法很值得学习。美国不仅从中国得到了植物、种子，还得到了农作思想和经验。1848年，卫三畏（Samuel Wells Williams，1812~1884）受命来中国收集树木和植物种子，引起南方各州对中国亚热带水果的极大兴趣。卫三畏说，美国应该学习中国。后来，美国农业局开始收集中国茶种和灌木品种,并把几千棵中国茶树苗分种全美各地。1869年,中美政府间的文化交流开始了有组织的中国研究。在19、20世纪之交,美国来华的农学家和传教士很多,许多人通过实地考察,对中国农业文化的悠久历史发出由衷赞叹。由梅耶等传教士和农业探险者到中国收集中国古籍、采集种子和植物,向美国传播有关中国的农业发展情况,学习中国农业先进思想的举动,不但对于改变美国农业和生态,而且对于农业和农作制度产生巨大影响。可见中国农业对美国的影响较早且很大,长期而直接,其中美国农业部扮演了重要角色。

1784年(乾隆49年),美国商船"中国皇后"号首航广州,中华文化直接传入美国,对美国历史发展发生了深远影响。美国思想家爱默生(Ralph Waldo Emerson,1803~1882)就通过"中国皇后"号多方了解中华文化,爱默生说,儒家思想"有足够的活力和适应力经历了20个世纪的风云变换,帮助维持了中国的封建社会基本不变"。1830年,美国传教士在广州登陆,于1842年成立了美国东方学会,并成立东方文献图书馆,先后出版了《美国东方学会杂志》(Journal of the American Oriental Society)等刊物。1885~1898年曾在中国传教达13年之久、并在1906年出版《中国与其人民》(China and Her People)的美国前外交家查尔斯.丹比(Charles Danby,1830~1904)对中国农业很感兴趣,在著作中向美国人民全面介绍了中国的农业和农耕文明,产生极大影响。中国还是广泛出版发行农业手册,出现知识贵族,使用明晰术语解说农业的先行国家。1848 年卫三畏发表了《中国通论》(*The Middle Kingdom, The Chinese Empire and Its Inhabitants*),1911 年富兰克林·H·金(Franklin Hiram King,1848~1911)出版《四十世纪的农夫》等著作,标志着美国对中国研究的开端,当然也标志着中国思想对于美国直接影响的扩大。这个影响不同于此前通过欧洲传到美洲的影响,而是中国对美国文化的直接影响。

另一方面,从 1850 年容闳(Yung Wing,1828~1912)美留学开始,每年大批中国留学生赴美学习工学、医学、农学和其他社会科学。他们在向西方学习的同时,把中华文化和文明也传播到西方,对美国文明发展自然做出了不可磨灭的贡献。著名传教士鲁米斯牧师(Augustus Ward Loomis,1816~1891)指出,由于美中贸易不断增加,大量华工到达美国,"唤醒了我国人民许多渴望与我们的邻邦全面结识","人们强烈感到,需要从书本上更好理解这个陌生的民族的性格、社会习惯和宗教信仰"。

1868 年,美国外交家蒲安臣(Anson Burlingame,1820~1870)阐述新的中美关系时说:"中国是一个伟大的、高尚的民族,她具备着一个辉煌民族所有的一切条件……中国不仅愿与西方交换货物,也愿与之交流思想。她愿以其精神文明交换西方的物质文明"。对于美国人的中国观的形成,蒲安臣起了很大作用。而他担任中国外交官,直接起到了把中国思想向美国传播的作用,激起了美国有识之士对中国的向往。

写过《进步与贫困》(*Progress and Poverty*)的作家亨利·乔治

（Henry George，1839～1897）对于中国传统文化也极为珍视。他说，当我们还处在蛮荒时代时，中国已经高度文明了。他们有大城市，高度组织和强有力的政府、文学、哲学、良好的修养、普遍的分工、大商业和精美艺术，而那时我们的祖先仍然处于蛮荒边沿。他又说，他们建设了已经达到很高水平的、带有建筑艺术的建筑物，中国发明家们制止了我们只是停留在最为重要的进步的边沿，对此值得我们学习；他们的工程师修建了巨大的灌溉工程和适于航行的运河；建起了相互辩论的哲学学校，并有理念根本冲突的宗教。那里的生活充满活力，那里的发明不断完善。

可见，通过美国思想家、商人、外交官、传教士的宣传，唤起了美国早期对中国农业文明的珍视，也引起了有识之士借鉴中国古代农业经验的思想。以往美国人曾经从欧洲接受过中国思想的影响，但那是间接的，或者是点点滴滴的，冲击力不大。美国当代历史学家伯吉斯（Charles Burgess）在《美国思想渊源》一书中指出："事实上，在过去的150多年的历史中，东方思想对西方的影响逐渐增大，仅美国人民对东方思想的反应就足够单独写一整本书了"。因此，中国思想也就可能对美国思想的发展做出无可替代的贡献。中国对美国的影响由间接到直接、由小到大、由国外到本土，美国思想界逐渐接受了中国的影响。1942年，任美国副总统的华莱士先生在祝贺中国国庆广播演说中说："中国哲学其国民心习之趋向民治，对于西洋政治哲学实有重大之影响。美国建国之始，若干贤哲倡导革命，奠定宪政，其信仰与作风，直接取悒于欧洲,见解导源于中国,此种文化渊源,美国人现多已茫然无知"。他又说:"中华文化实为启发西洋民主政治之一源泉,亦为创造西洋民主政治之一动力"。所以,即使在当代,中国古代思想仍然不失其较强的现实意义,而且其影响早就已经越出了国界,追溯现代西方文明,包括美国社会中的许多事实,无不来自中国思想。

美国思想家康马杰(Henry Steele Commager,1902~1998)指出,清教主义、理性主义和理想主义是美国哲学的三大来源。美国人掠夺过去的哲学宝库,无论是美国的、法国的甚至东方的哲学,它们混在一起象荞麦面粉一样造成一个美国哲学来。可见,包括中国思想在内的东方思想,也构成了美国哲学的思想基础。尽管它主要来自古希腊文化以来的西方文明,但是,中国思想经过美国政治家和思想家们的发现和接受,较早就开始进入美国,在各个历史时期都对美国主流思想发生影响,二者经过不断融合,最终成为美国主流思想的组成部分之一。考察包括美国文明在内的西方文明史,中国的贡献是有目共睹的,中国的影响痕迹处处都有,这显示出中华文化的持久影响里,这也是我们应该引以自豪的,现在也该对之加以总结了。

作者在这部著作中要和读者共同探讨的,是我国古代常平仓制度对于当代美国农业经济制度的根本影响:常平仓思想与制度在美国的本地化和法制化过程,主要涉及到宋代政治家和财政家王安石与美国当代政治家、新政时期的农业部长华莱士。本书旨在告诉读者一个事实，战胜20世纪的美国经济大萧条的最重要思想之一，来自中国古代的基本制度：常平仓；也就是说，美国大萧条时期建立的常平仓制度渊源于中国。

第二节 华莱士家族与美国农业问题

华莱士是一位开明政治家。毛泽东主席（1893～1976）在《在杨家沟中共中央扩大会议上的讲话》等文章中曾经评价他："对于外国人，像华莱士之类的，我们还是需要的"，"华莱士主张反对战争、联合苏联，同美国大资产阶级的联系很少，主要代表中小资产阶级，而且依靠工人"。"对华莱士及其一派应采联合态度"。中共中央在1940年代的党内文件中指出："美国的罗斯福、华莱士一派，则比较着重于联苏与民主，其革命性亦较大"。

一、祖孙三代华莱士

自从美国农业部（USDA）于1862年成立，至今惟有华莱士家族出了两个农业部长，亨利 A. 华莱士作为罗斯福内阁的农业部长，在美国农业史上的影响最大。华莱士的祖父和父亲都叫华莱士，祖父人称"亨利大叔"，父亲亨利 C. 华莱士也曾任美国农业部长。华莱士家族的农业政治生涯起源于祖父亨利·华莱士（Henry Wallace）。亨利·华莱士是虔诚的苏格兰长老会教徒的后代，1836 年出生于宾夕法尼亚州西部农场，1863 年定居爱荷华州，先是从事宗教活动，继而成为农场主。不久成为农业记者，为当地报纸写文章，发表对政治、农业和宗教的观点，最终任《爱荷华宅地报》（*Iowa Homestead*）主编，使报纸的影响持续扩大，自己也愈来愈受尊敬，被当地人称为"亨利大叔"（Uncle Wallace），后来他又作了《华莱士农民》（*Wallace's Farmer*）杂志主编，该杂志秉承"良好的农作，清晰的思维，正确的生活"的格言，很快这份杂志就成为美国中西部颇有影响力的农业刊物。在麦金利总统任内，他推荐爱荷华州立学院（Iowa Agricultural College，现称 Iowa State University，简写 ISU）院长詹姆士·威尔逊（James Wilson）为农业部长，任职达 16 年之久，使农业部成为联邦政府内阁最有影响的部门之一，"美国农部今日之基础实得力于威路逊"。华莱士大叔还曾被老罗斯福（Theodore Roosevelt, Jr., 昵称 Teddy）选为美国农村生活委员会 7 名成员之一，这两件事是他在美国农业界被公认的杰出地位的标志，也显示了华莱士家族在美国农业界的影响。

亨利大叔坚信农民的生活方式是"理想的人生"。农业能够培育人的勇气、自力更生、诚实、进取和敬畏上帝的信念。他坚定反对垄断，痛恨特权和托拉斯。他最尊敬老罗斯福，称罗斯福是"当今美国首位多才多艺者",是"人民的代言人,是改革精神的解释者和倡导者,是苏醒良心的喉舌"。在外交事务上,亨利大叔倾向国际合作。他认为,美国农民无论在完全自给自足经济制度,或在自由贸易制度下,都能生存并蓬勃发展,但国际主义更有利于经济繁荣。他的思想很大程度上影响到他孙子亨利 A. 华莱士。

亨利 C. 华莱士(Henry C. Wallace)是第二代,生于 1865 年,1916 年继任《华莱士农民》杂志编辑。1921 年任哈定总统的农业部长,1924 年病逝于任上,曾任爱荷华州立学院的牛乳学教授。他强调农业部对农产品生产与消费的调节作用,反对把农产品销售的管理权由农业部转让给商务部。他是美国保护自然资源的倡导者之一,并支持当时盛行一时的麦克纳利-豪根农田救济法案(*McNary-Haugen Farm Relief Bill*,简称麦克纳利-豪根法案)。

亨利 C. 华莱士认为,美国农业危机有两方面原因:一,一战后初期特殊形势。战前农民大量投资农业,农产品产量增加,战后却失去了海外市场,农产品过剩。二,农业在美国经济结构中基础地位薄弱,造成农业长期萧条。他认为,美国农民没有知识、信息,也没有组织,根据需求制定生产计划,合作推销农产品,无力保护自己。出现萧条时,仍大量增产,依靠中间商推销,被动适应价格。因此,联邦政府应该帮助农民,通过立法保护农场主,这是美国的道德责任。由于他的努力,1921 年国会通过了临时性《农业信贷法》(*Agricultural Credit Act*)和永久性 1923 年 1923 年《中间信贷法》(*Federal Farm Intermediate Credit Act*)等政策。他建立机构收集并发布谷物与畜产信息，提醒农民及时调整生产计划。实际上他的政策自相矛盾，如临时农产品《紧急关税法》（Emergency Tariff Act）和永久性福特利-麦克康伯关税法（Fordney-McCumber Act of 1922）提高关税，导致美国进口工业品价格上涨。尽管他鞠躬尽瘁、死而后已，在任农业部长期间，却没能彻底解决美国农业问题。

二、亨利 A. 华莱士

第三代华莱士（Henry Agard Wallace，1888~1965）是本书的主角，他从小就把研究农业科学作为职业，并历任美国农业部长、副总统和商务部长，他在农业经济学、玉米遗传学、统计学方面的学术地位是公认的，他于1926年建立的"杂交玉米公司"至今仍是世界最大玉米种子企业。而他在大萧条时期的农业保护政策，更奠定了当代美国农业制度的基础。

图1　亨利 A. 华莱士（1888~1965）

（图片来源：http://newdeal.feri.org/wallace/index.htm, 2012-07-30）

对玉米-生猪关系的研究引导华莱士走上了农业经济研究道路。1903年，华莱士15岁时做了平生第一次重要实验，证明了玉米产量和玉米穗形状没有关系，而以往美国农民们都认为长相好的玉米穗产量较高。1906年进入爱荷华州立学院学习，1910年毕业后自学统计学，并运用统计知识研究农业现象。值得一提的是，他制成了玉米-生猪比率表，农民只要查看该表就能找出养猪获利点。华莱士根据玉米价格、劳动投入和运费率，发现猪肉价格波动周期是7年，揭示出农业生产各个方面存在着相互联系，经济决策应该和经济发展同步。不久，华莱士在爱荷华州立大学开设统计学讲座，并建立了在美国具有专业优势的生物统计学实验室，把经济计量学引入了农业领域。

1923年，华莱士的重要地位被认识。杂交玉米开始大批量生产，华莱士取得重要科学成就，并于1926年创办高产杂交玉米公司，一般认为，这个成就的价值难以估价，因为杂交玉米的商业化使产量大幅度提高。1923年，华莱士还在《美国农业经济学杂志》（*The American Journal of Agricultural Economics*）发表了《控制农业价格》一文，探讨了通过限制农业产量提高价格问题，开始思考一战后美国农业萧条问题。

美国农业萧条促使华莱士的科学研究逐渐转到经济政策领域。华莱士认识到，农产品产量和天气的关系很大，而且美国农产品市场主要在国外，一旦世界市场风吹草动，国内生产就会波动，影响经济稳定。华莱士《农业价格》（*Agricultural Prices*）一书提出，生产成本是农产品价格的决定因素。美国农村贫困是农产品过剩造成的，应当限制农产量，农场主应自愿限制玉米产量，但是，当时响应他"少种点玉米，少点工作，钱就会多起来"口号的人并不多。后来他又提出"少种点玉米，多种些草，钱就会多起来"，希望通过限制种植面积达到限制农产品产量的目的。然而，他无力在一夜之间改变人们的观念，所以，他认识到，自愿运动无论组织得怎样好都不可避免失败，除非政府为农场主提供价格支持。华莱士支持麦克纳利-豪根农田救济法案，但是，该法案两度被柯立芝总统否决。"新政"为华莱士帮助农场主解脱困境提供了机会。

1933年华莱士被选为美国农业部长，为当代美国农业经济制度发展做出了奠基性贡献。在新政期间，华莱士成为美国历史上最伟大的农业部长、新政哲学家和本世纪最具有影响力的进步政治思想家之一，华莱士一生的最大贡献是对美国当代农业发展做了最大努力。任农业部长期间，主持农业立法，奠定了美国常平仓制度的框架，他还大力起用得力农业经济学家到农业部关键岗位任职、认真开展经济研究以资决策、建立美国消费者协会以保护消费者利益，通过产量控制、改良土壤、建立由政府收购并储备过剩粮食的常平仓、进行农民再安置和进行农村电气化建设等政策措施、改善农民的生存条件；作为美国副总统，他一手创建了战时经济局，并领导该局为第二次世界大战供应美国战时物资做出了很大努力；任商务部长时，他支持全面就业法案；而在他退休之后，还继续致力于提高禽类的产量和农产品产量。爱荷华州立大学海德威格尔教授（Don F. Hadwiger）、前参议员麦戈文（George McGovern）和考佛尔（John Chester Culver）、《时代》杂志特约撰稿人悉尼（Hugh Sidey）、资深记者海德（John Hyde）、华盛顿大学克坎德尔教授（Richard Stewart Kirkendall）都对华莱士对美国农业的贡献做出了很高评价。沙浦斯梅尔兄弟（Edward L. Schapsmeier, Frederick H. Schapsmeier）说："作为农业部长，他把自己的常平仓理想和南部与中西部保守派（就是通常所说的玉米和棉花的结合）的利益加以妥协，以保证农业计划的可行性"。

三、华莱士家族与《华莱士农民》杂志

华莱士家族的观点都是通过《华莱士农民》杂志进行宣传的。《华莱士农民》由华莱士家族所有，他们祖孙三代都曾经任这家杂志的主编，并在杂志上发表了社论和评论文章，在美国中西部具有重要影响。1916年，华莱士大叔逝世，由亨利C.继任编辑；1921年，华莱士在他父亲亨利C.华莱士出任哈定内阁农业部长之后，任该报纸主编，直到1933年他本人离任赴华盛顿就任罗斯福政府农业部长。《华莱士农民》的发行范围是爱荷华州、密苏里州北部、伊利诺斯州中部、内布拉斯加州东部、堪萨斯州东北部的一小部分地区。读者群主要是"保守的农场主"，大约占玉米带农场主的35%，他们的农场条件比较好，没有抵押品或

者抵押品很少。这部分农场主认为，他们和居住在城市的商人一样都是保守分子。华莱士家族对美国农业的认识和他们祖孙三代的经济思想，很大程度上通过这家报纸反映出来。

华莱士大叔的思想观点在20世纪初的美国政府中有相当影响。1900年，华莱士大叔撰文《农业繁荣将持续多久》，分析了美国农业问题，展望新世纪美国经济的发展。

华莱士大叔指出，美国要保持农业景气，必须保持景气的经济形势。然而外界条件不断变化，美国农业不可能永远繁荣。1893~1897年美国农业种植面积扩大，价格剧烈波动。农民收入是决定因素，农民收入会开动美国的磨房和工厂，并创造景气。目前的繁荣是战争因素和投机活动引起的，农产品价格上涨过高会直接影响农产品消费，带来价格下滑。保持经济景气主要决定于保持繁荣的能力上，美国在出口农产品的同时，必须出口工业品。要避免疯狂的投机活动，缩小债务规模，在政治上不要对被选举人寄予过大希望。华莱士大叔指出了20世纪初美国产业结构转型问题。美国农场主们不要再盲目扩大农产品生产，解决美国农产品波动，必须提升美国的产业结构，尽快向工业国转变，美国完全可以成为世界上的农业和工业强国。华莱士大叔的思想也影响了华莱士，华莱士继任《华莱士农民》杂志编辑后，更加透彻地理解了美国的经济结构，理解美国农业、农民，提出了解决农业问题的政策措施。

华莱士家族十分重视农场主在经济体系中的作用。华莱士大叔曾说："现在是我们认识到土地的价值更有赖于耕种它的农民的时候了"。1920年代，华莱士继任《华莱士农民》杂志编辑，曾经组织玉米带农民参加了两场大赛，即"掰玉米大赛"和"做个好农场主比赛"，这两场比赛也是对中西部农场主农业观念的强化，华莱士试图通过比赛支持这样的观念，即坚信农作和农村生活对于国家的福利是极其重要的事情。他害怕农民人口减少，城市人口增加，而危害美国的农业基础，于是试图通过竞赛，唤起农民的自豪感，阻止农村人口的减少。当时由于战后美国工业繁荣，人口移动方向发生了新变化，农业人口大量流入城市现象。这也是由于第一次世界大战后，农产品需求减少，农业价格大幅度下降，工农业剪刀差扩大，农业生活愈加困难导致的，削弱了农业基础。

华莱士任《华莱士农民》杂志编辑开始倾向支持政府直接干预经济。华莱士认为，农产品价格对农民极为重要，联邦政府必须对农业产量和农产品价格加大干预力度。因为农业危机损害了美国的利益，危机加剧还会使农场主中的激进倾向趋于严重，导致农业购买力下降，危及城市工业发展。他认识到，美国农业危机根源部分在于城市里个别压力集团，如铁路的势力太大，而且劳工高工资增高，也加剧并延长了农业危机持续时间，另外玉米带农产量过高，过量生产都是农产品价格剧跌的原因。农业萧条的国外原因是欧洲购买力下降，战后欧洲的购买力相对于美国农产品过剩下降过多。解决问题的明智之举，是美国城市消费者购买同样数量的欧洲工业品。这需要农村人口向城市移民，减少农村人口。他还认为，美国的革命性的变革则是不必要也是不现实的。这又暴露了他一贯坚持的保守改良主义思想。

他提出结构调整办法，彻底解决美国经济问题。即削减工人，尤其是铁路工人的工资、降低运费率、降低利率，增加货币供应、增加工业生产，提高就业水平。实现以上目标要依靠自愿原则，同时降低关税，进口欧洲工业品，提高欧洲国家支付能力。国内要限制种植面积，但要以自愿为原则。在玉米带各县要实行作物种植限额，每个农场主自愿签署协议，限制种植面积。新闻媒体要向农场主进行宣传，鼓励他们自己履行诺言。但是，他提倡由农场主自愿控制农业产量的思想遭到了失败，从此开始倾向于运用政府的力量干预农业生产。

麦克纳里-豪根法案曾经耗费了他很大的精力。他曾说，该法案是"目前小麦种植和养猪的农民们唯一可以指望的、迅速解除困难的计划"。"今年冬天是否能在国会通过，很大程度上取决于农场主接受的紧急程度"。他父亲亨利 C. 华莱士也曾反对该法案，但是现在他们都强烈支持它，同时华莱士从以前倡导的自愿限制种植面积运动中得出教训，非有联邦政府的支持农民才能走出困境。因为，现代社会中的农业夹在很多大垄断组织之间生存，使农业也必须建立一定的组织，由于农民的分散性，联邦政府不得不进行干预。这个思想直接导致了在新政期间华莱士依靠政府力量提高农产品价格的努力，新政也从此开辟了新的美国农业制度的道路。他认为，如果美国农民能够组织起来，并能得到国家帮助，就能够在现代社会生存下去，而农民和农业是美国的经济基础。

华莱士借鉴中国常平仓思想在他农业生涯中早就开始了。1918年他在《华莱士农民》杂志上提出，政府应通过丰年收购粮食以备灾荒思想，他不无羡慕地说，真希望美国政府也能为解决农产品过剩做些什么，因为中国三千年前就已经实行了。1926年又发表社论《论常平仓》，向中西部农民介绍中国常平仓，提出美国应该结合中国思想与美国农业实际，解决过剩问题。他不断宣传自古以来为中国解决农产品过剩做出显著贡献的制度，向农场主们提出解决美国农业问题，运用常平仓可能是有效的做法。"这无疑需要政府在一定程度上介入，而我们的人民却还没有准备好这样做"。美国政府现在"停止鼓励农业生产，或者继续并提出农业计划以保证国家未来的福利。中国常平仓才真正值得考虑，尽管他们自己只获得了部分成功"。1927年另一个社论题目依旧是《论常平仓》，这个社论的语气明显比前一个强烈，说中国古代尽管由于统计方面的不完善，常平仓依然取得了"非常好的效果"。华莱士说，加利福尼亚"棉花常平仓""思想有优点"，"某一天'常平仓'思想将被加工得适合当代条件"。汉学家卜德也指出："后来发生的事情当然使最后一句话成为预言"，而新政时期农产品信贷公司和联邦过剩农产品救济公司就是思想加工后的常平仓。

华莱士农业政策的思想基础是这个时期奠定的。华莱士在1916年开始就在这个刊物上发表常平仓思想的研究，产生了较大影响，后来华莱士在新政农业政策中提出建立美国农业常平仓计划时，因此得到农业地区的全力支持，与这个时期的宣传不能说没有关系。而《华莱士农民》杂志在宣传华莱士的农业主张方面所起的作用是不可低估的。

第三节 华莱士对常平仓思想的论述

一、华莱士著作及其思想观点

华莱士是伟大的农业思想家，他强调全面认识农业的基础地位，重视农民利益、提倡常平仓制度、强调土壤保护。他生前写下了大量的手稿，发表过许多电台演讲，他的研究领域涉及农业科学、农业政策、经济、政治、社会等各个方面，他的思想贯穿于著作中。本书把他在1940年代之前的经济政策思想发展作为重点。

（一）《粮食的存储》（1918）、《农业价格》（1920）、《控制农业产量》（1923）和《玉米及其栽培》（1923）

1918年，《华莱士农民》杂志发表社论《粮食的存储》，这是较早提出控制农产品过剩问题。社论描述了"常平仓"的运作机制，提出对于鸡蛋、奶油和其他食品的过剩，可以采用类似中国古代常平仓的办法。"对于我们的粮食问题，如果任何政府真的做一些值得做的事情，那将通过对中国人三千年前尝试过的计划加以完善才行。也就是通过建立仓库在丰年储备食物，以备灾年"。美国著名历史学家施莱辛格（Arthur Meier Schlesinger, Jr., 1917~2007）在《旧秩序的崩溃，1919~1933》（*The Crisis of the Old Order, 1919~1933*）中指出，1922年3月3日华莱士首次在《华莱士农民》杂志上提到常平仓。

他对农业价格问题极为关注。1923年，华莱士在《控制农业产量》中提出，通过调整农业产量，解决农产品过剩，保护农业生产，稳定美国经济，并研究了解决农产品价格波动的政策。他说，农场主有权组织起来控制农产品产量，而且只有组织起来控制产量，才会稳定经济。农场主控制产量的权利天经地义，1920年代的最大问题是控制农业产量的可行性。农场主之间由于相互联系太少、本身差别很大，所以对共同控制产量难有一致认识。而控制农业产量的可行性很大程度上又和农产品本身相关，如美国养牛业相对集中，控制产量是可行的。中西部牛奶业的困难也是过剩，除了建立奶粉制造厂，有的地方已经开展配额销售。这说明联合通过控制产量，可以维持价格。

通过价格机制使农业"价格本身可以控制产量"。但是，这方面的宣传并没有得到响应，农场主的看法也不一致，大多数人认为，控制农产品产量，提高农业价格的原理是正确的，但是一旦要自己实施减产计划，就抱怀疑态度。为了降低生产成本，一般佃农和地主不愿减产，只有财务状况较好，而且减少种植面积会减少雇农，降低成本时，才支持共同减产计划。

控制种植面积是控制谷物产量最有效的手段。控制产量要密切关注气候，减少种植面积计划，困难是协调保守派与激进派的立场。他建议美国农民在世界范围内看待美国农产品过剩问题，认识美国农业产量的规模是如何形成的，了解当前美国对欧洲贸易关系的逆转，为实施减产打好基础。他指出，任何经济病症在长期内最终会创造解决本身问题的办法，农产量过剩同样也会有相应的解决办法，长期内必须减少玉米产量。

对此，加州大学米德教授（Elwood Mead）说，农民有权组织起来控制农业产量的。这个办法有利于国家，农民最终会得到公平价格，实现对城市劳动者的收入平价。但是减少产量存在困难，一、控制产量的人无法干预其他不愿控制产量的人。第二、如何加强合作，使分散的农民团结起来。三、控制产量行为遭到消费者反对，媒体对此加以渲染。因此，应使消费者支持减产的努力，带来社会各个阶级的互惠互利。

成功培育杂交玉米是华莱士对农业科学贡献之一。《玉米及其栽培》（Corn and Corn Growing）是一部玉米遗传学科学论著，曾多次再版，国内很早就翻译了汉语版（1949）。在这本书中，华莱士和勃力斯曼（E. N. Bressman）共同详细地追溯了美国的玉米种植发展史和各类玉米的栽培方法。他们的探讨主要从玉米栽培史和有关玉米种植的理论、栽培技术开始，分别讨论了饲料玉米培育相关问题，研究了玉米与生猪饲养的技术问题，还讨论了玉米育种的理论与实践。在一些稀有的玉米品种方面，他们研究了甜玉米、爆玉米和糯玉米的栽培知识。农业经济和农业统计研究也是本书内容。作者还细致地研究了玉米的多种用途。这部著作反映了华莱士的科学实践精神，同样通过这部著作，也可以看出华莱士的科研精神之严谨，以及华莱士对农业科研的重视和农业经济思想的连续性，《1938年农业调整法》规定成立农业科研机构开发农产品用途，促进消费。

（二）《新边疆》（1934）

《新边疆》是华莱士经济思想较为全面的总结，1968年《美国年鉴》（The Annals of America）收录了《新边疆》最后一章《超越边疆》。

《年鉴》指出："华莱士的理想主义与他对农民问题的第一手知识相映照。作为新政最有影响的支持者，他把道德——宗教的特点赋予了新政，并使很多共和党和保守派转向新政"。在本书第17章，华莱士研究了常平仓制度，提出运用常平仓思想解决美国经济周期波动，第18章《有序地利用土地》是华莱士土壤保护思想的总结。

人类财富的增长和文明的进展相辅相成，城市的发展依赖于农村存在。华莱士指出，长期以来，美国人对待土地和农民是掠夺性的，造成了城市和农村经济失衡。在历史上，由于经常性价格波动，造成"时代大轮回"，从1530～1650年开始，每隔10～15年就有一次大的战争和社会动荡，价格波动与战争相继发生。"减轻或避免由于过去难以控制的'时代轮回'造成的异常暴力是聪明之举，也是必须的"。《1933年农业调整法》"试图维持连续的供求均衡局面，使农场主得到相应的国民收入份额"。

要解决产量问题，把过剩农产品储备起来是"聪明之举"。1930～1931和1933～1934年美国发生严重干旱，胡佛时代的美国农场局（Farm Bureau）和新政时期的农业部农业调整署（USDA，AAA）以及农产品信贷公司（CCC），实际上提出了一个"计划的雏形"，这个计划从原理上和《圣经》时代的约瑟，以及古代中国儒家思想"没有多大不同"。"我们第一次认真考虑它是在1934年的春天"。1933年冬，农产品信贷公司在玉米带以略高于市场价格，按每浦式耳玉米45美分，为2.7亿浦式耳玉米提供"无追索贷款"。即为玉米农场主提供没有追索权的抵押贷款，农民把庄稼做抵押，得到农产品信贷公司的贷款。1933年玉米贷款条件是，在1934年夏末贷款到期时，如果市场每浦式耳玉米的价格低于45美分，政府将以约定价格收购抵押玉米，农场主无须归还无追索贷款，经济损失由农产品信贷公司承担。贷款到期时，如果市场价格上涨为50美分，农场主可以出售玉米，并得到利润，然后按规定，加上利息归还贷款。对于向农场主提供的无追索玉米贷款，用华莱士的话说就象掷硬币论输赢，"正面朝上我赢，反面朝下你输"，即保证农场主得到每浦式耳玉米45美分的

39

价格，无论市场价格如何变动，吃亏的总是农产品信贷公司。实际上，农产品信贷公司是政府机构，通过农产品信贷公司提供贷款，把农场主约束起来限制种植面积，同时农场主从减少种植面积中受益。

无追索贷款政策使中国古代常平仓思想更加完善。华莱士指出，1934年初夏，他曾经认真地研究过这个问题。当时如果没有旱灾，玉米储备量会达到2亿浦式耳，当政府无法储存如此多的玉米时，可以密闭储存在农场上，政府则用玉米优惠供给农场主，换得他们参加1935年种植缩减计划。这样就避免玉米供给量不断增加，玉米价格不正常下跌，利用丰收年积存起来的大量谷物，减少下一年的种植面积。于是，华莱士"就产生了一种思想"，通过农产品信贷公司用无追索贷款购买的过剩粮食，以有效地维持公平价格。无追索贷款同样也可以运用到小麦和棉花贷款制度上。而实行这个制度的困难，主要是如何作到"不断保持和谐平衡"，"避免任何地区或者行业组织的短视的压力"。

天气造成价格短期波动，控制波动必须掌握天气变化。"1934年的大旱严重歪曲了人们在正常年份对于农业问题的判断力"。所以，解决天气危害要从历史记录中"寻找常识性知识"。而"常平仓思想不仅可以用于稳定价格，稳定供应，而且可以稳定猪肉生产。与忍受由于无法控制的自然界和投机性的贪婪造成的剧烈的价格和供应波动相比，这是一种充满希望的思想"。可见，华莱士认为常平仓思想给美国农场主带来了希望，美国要建立常平仓制度，农产品信贷公司实际运做虽然只是实验，却是成功的。

解决美国农产品过剩问题同时还要保护土壤。华莱士提出，由于过去中国不注意保14护土壤，灾害才频繁光顾他们。在以往150年内，美国在很多方面比中国有过之而无不及。解决恢复地力、毁坏植被和森林问题，可以推行土地退耕计划。土地退耕有可能带来更大收益。按照联邦政府紧急救济计划，农业部通过收购部分贫瘠土地，解决土地侵蚀，开展了农业救济。贫瘠土地上的1500万穷人对于美国经济的威胁越来越严重，解决的办法是"减少工业的计划程度"，打破工业资本家垄断。"如果我国最大200家公司的领导考虑到修路、小汽车、火车、高压电线和人们的幸福的增加与土地的关系，他们是否会同情这个开始实施的振兴、自给自足的土地计划呢？"

土地荒芜与美国工业问题、失业问题关系很大。产业界应该重视这个问题，否则联邦政府就得采取措施。华莱士建议，把多余土地辟为公园和猎场，向印第安人提供更多土地，解决生计问题，或者把多余的土地用于新的用途，恢复大平原野生状态。为了美国子孙万代的利益，我们要"像中国人那样保护我们的基本遗产"。

美国人民要超越的是"新边疆"。我们曾经成功地跨越了西部边疆，新边疆和旧边疆对美国人民都是艰苦考验，为了开拓新边疆，人们将面对新的困难。"第一，美国领土的边疆消失了。

萧条再也不可能靠向西部输送失业者来解决。我们必须学会相互依存"。第二，人口大量增加使可供开发利用的资源消耗殆尽。第三，新的因素影响人们的心理，并最终影响社会趋向。美国人民需要团结起来，克服思想观念上的"边疆"，这个边疆"就像我国西部，几个世纪以来横亘在我们生活中，向我们进行挑战。现在到了我们必须寻找灵魂，并建立我们的灵魂和身体与他人关系的时候了"。"新边疆"指的是人们的旧观念需要破除，新边疆的主旋律是合作，而旧边疆是个人竞争。新边疆前进的机制是社会创新，而旧边疆则是机械发明，是通过竞争抓住机会获得财富。权利和财富是过去崇拜的东西。精神上的美、公正和欢乐是人们走向的新边疆。通过不断的社会创新，人民在摆脱了心理的枯涩、偏见、仇恨、贪婪和恐惧之后，将征服新边疆之外的土地；如果我们共同满怀信心，在心中点燃已经展现在眼前的超凡的科学、艺术、精神财富之美，将征服新边疆之外的土地。

美国人要克服精神和思想上的新边疆。华莱士提出，尽管新边疆没有明确方向，但是美国人必须认识到拓展新边疆的急迫性和现实意义，他说："我们必须寻找灵魂，并建立我们的灵魂和身体与他人的关系"。"我们已经离开埃及，但尚未到达福地"。也就是说，美国人民改造社会的进程已经开始，最后目标的实现有待于进一步努力。

（三）《我们并非只是经济人》(1934)

1934年，《斯克里布纳杂志》(*Scribner's Magazine*) 发表了

《我们并非只是经济人》一文，它代表了华莱士的经济哲学。华莱士认为，虽然人需要物质生活，但更要有精神支柱。在1938年在《农业部长报告》(Report of the Secretary of Agriculture)中进一步阐述了这个观点。

人不只是"经济人"。"经济人"这个假设忽视了人的本质和价值观，而当代人缺少的正是规范行为的观念。如果人的生存不得不考虑经济法则，那么经济法则也只能是人的仆人，而不是主人。"不能只为面包活着"，而且生命不能只用金元来衡量，不应忽视人的价值和质量本身。

现代社会经济组织能够通过控制产量来控制价格。工业品价格极少变化，甚至十年也不发生大的变化，而多数农产品价格天天都在变，因此，自由放任原则在工业和农业部门具有不同含义。《1933年农业调整法》为农场主控制农产品价格提供了法律依据，但却引起商人不满。尽管美国农业部1933~1934年下达的种植面积调整计划不完善，但是实行类似办法是必要的。一旦美国人能够修正经济行为，科学和现代大生产会使他们 15 享受到共同丰裕。

美国文明的缺陷是经济人造成的。当前美国人希望把政治民主传统延伸到经济生活中，新政则是实现经济民主的手段之一，美国经济的未来应该以民主化为实现条件，必须挖掘人的潜力，战胜困难。新的社会机制要靠人去实施，经济工程师和社会工程师的勤奋是建立新机制的先决条件之一，人类追求社会公正之心是另一个条件，二者同等重要，缺一不可。经济民主非一日可成，需要一代人共同努力，但前车之鉴需要重视。经济民主的首要因素是人，经济规律应该为人服务，而且当代科学也不应只着眼于经济性。建设经济民主需要富有精神的人，美国社会应该摒弃经济人观点，要改造美国社会。

物质丰裕只是经济立法的目标之一。美国民主制度要保证经济立法促进非经济目的，保证社会安定和个人自由。"人需要面包，也需要自由。如果必须用前者交换后者，那将是一种灾难，结果只会毁灭文明"。"生产的增长需要经济和社会组织，同时各个经济集团的相互依赖和合作也会得到加强"。

社会改造必须以经济科学为实用手段。政府所做的每件事都应该使全国人民知道，使人民愿意合作。基本的方法是有效的社会合作，尤其在社会动荡时，必须实行这种办法。《1938年农业调整法》建立了保证经济和社会目的的重要机制。"在经济方面，这项法律解释了农业中不同利益集团的一致性和通过公平价格保证农产品供应的连续性和稳定性。在社会方面，应用了民主的原则。它是一个新的、生产者和消费者的经济与民主自由的宪章，其基础是丰裕和民主"，保证社会公正"更需要社会舆论的支持"。

《我们并非只是经济人》代表华莱士的世界观，是解决农业大萧条问题的宣言。当时一般人多从经济因素认识大萧条，提出的办法鲜有超出经济范畴的。华莱士则指出，大萧条固然有经济原因，但社会机制不健全，忽视人的需要可能是根本因素，所以解决大萧条，社会工程师的作用应该得到重视，应重视人的自身价值，建立社会公正，实行民主制度，重塑人的信仰。在旧的社会机制阻碍社会进步时，要建立新的社会机制，这也正是他作为"社会工程师"的职责。所以华莱士不断积极倡导建立农业常平仓制度，保证农业的稳定，保护消费者的利益，在农业常平仓取得一定的成功后，他又积极鼓吹建立主要工业品常平仓，建立国际常平仓，建立新的机制将会使美国社会发展更加稳定。

（四）《民主的再生》（1944）

《民主的再生》是华莱士的演说和电台讲话以及言论和著作的摘录。书中较为全面地记录了华莱士关于建立常平仓的言论，反映了他的常平仓思想的发展演变。

华莱士要建立农产品常平仓制度。1934年11月，他在全国格兰其大会上讲话中指出，几年来我一直对常平仓思想很感兴趣，这是与《圣经》时代的约瑟和古代中国儒家基本一致的思想。美国农产品主要市场在国外，减产时少出口一点就行，但丰收时多储备一点，一旦遭受饥荒，就会有利于国内需要。"然而，既没有大量过剩，又没有年周转粮，就得实行控制计划，承认实际短缺的可能性存在。避免这种现象就是常平仓的目的"。华莱士演讲的对象是的农场主，他对常平仓的解释也十分通俗，易于明白。他又说："如果我们继续控制生产，应该考虑使农产品储备量高于通常所认为的正常数量。储备数量应保证不致持续压低价格，损害农民利益。政府要强有力地控制储备量，但是储备计划不应采取政治手段"。就是说，政府对粮食生产的控制要和粮食的储备结合进行，但是粮食的储备必须保证价格的稳定，这是常平仓的目的。

美国常平仓计划的雏形是1933年的玉米贷款。这是农场主们十分熟悉的事件，华莱士对之加以引申。他说，贷款计划中用做保证的玉米，如果不和生产控制结合起来用处就不大。按农产品的市场价借出钱款，却忽视这笔款项对生产的刺激，只能是自找麻烦。贷款的同时一定要控制生产。满足了这个条件，每年的玉米供应量就会一致，稳定的价格就会使每年上市的猪肉量保持恒定。牲畜产业的永久稳定基础由此奠定，反过来极大地稳定整个美国经济的结构。他接着说，政府贷款也不可能太大，不负责任大量贷款结局很坏，胡佛时期农场局农业贷款就是对贷款数量未加以合理控制，致使农场主提高产量，最终导致计划失败。"我确信，除非在其位者坚定地捍卫我国各个主要生产者集团和谐的连续均衡，并时时抵御短见的压力，常平仓才能有令人满意的结局"。

美国新闻媒体对于建立常平仓制度负有宣传责任。1935年5月16日，华莱士在广播电台发言，标题是《常平仓》。他概括了常平仓思想，总结了1933年《农业调整法》的成果，驳斥反对农业调整的意见，提出"建立常平仓的行动，是走向更加光明的未来和走出重复1932年可能性、符合逻辑的下一个步骤"。1932

年是美国历史上农业萧条最严重的一年,农业政策是调整,增产对消费者的福利有好处时就增产,减产对消费者有好处时就减产。但是有些媒体加以反对,无论反对"目的是政治性的,或者是对农场主的非理性偏见",都会"误导部分公众"。现在媒体转向了,开始青睐约瑟常平仓思想。例如,有媒体指出:"未来农业部长的任职资格之一应该是宣誓坚持雅各(Jacob)和拉结(Rachel)的儿子约瑟的农业计划"。但是,由于"批评者显然没有读懂基本评论,所以对于修正案不熟悉",须再次说明。华莱士分析到,实施《农业调整法》后,由于高关税阻止了国外商品进口,失去了国外农产品市场,农产品只能为国内消费了。所以,如果说农场主有义务保证政府和消费者的需求,那么政府也有义务保障农场主收入和农业的繁荣。实现上述目标的办法就是建立农业常平仓。美国常平仓不同于约瑟的救荒,因为法老靠那个制度没收了埃及农民的所有财产。所以,"如果上个星期天的报纸批评家督促实现约瑟的计划,是为了要农业部长像法老对待处于极度困难中的埃及农民的话,我必须澄清并说明,实施约瑟的思想时我们要切记古埃及和现代的美国有一定的差别"。常平仓思想与美国农场局法案也不同,前者将和限制农产品生产结合起来,永久解决农业问题,只能建立农业常平仓制度。

美国人民需借鉴中国古代经验建立常平仓制度。1936年8月19日,华莱士在俄亥俄州发表谈话,标题是《约瑟、孔子和农场主》,强调美国要建立常平仓制度。他指出,1930年代仅采取麦克纳利-豪根农田救济法案之类的办法,不足以解决大萧条,约瑟曾经有过灾年存粮的做法,美洲的摩门教也有类似的思想,胡佛的美国农场局提出的办法与上述思想相近,但是他们并没有提出如何存储谷物,如何在贷款的同时保证粮食生产不增加,只有中国古代儒家才创建了常平仓。常平仓并不是要"管制天气",而是为了预防坏天气。现在美国有机会借鉴前人经验,实行常平仓制度。

(五)《美国必须选择》(1934)

华莱士《美国必须选择》一书把对美国经济问题的认识放在了全球大视野内。美国外交协会主席比耶尔(Raymond L. Buell)和世界和平基金会会长里奇(Raymond T. Rich)在本书序言中指出,当前美国的困境是:要么实行关税保护政策,自给自足;要么开展国际合作,撤除关税保护。前者要求限制粮食生产,实行土地休耕,战胜萧条。"在政府支出的刺激下,我们正在飞速前进,但是我们会走向哪里呢?这是一个美国人民必须决定的问题"。华莱士则描述了美国"漂浮无定"的形势,向美国人民提出可供选择的道路。他指出,解决美国经济萧条,下策是孤立主义,代价巨大;上策是国际睦邻主义政策;中策是中间主义。

一战后美国没有及时调整政策,错失了享受"快乐的个人主义"的机会。萧条形势极其严重,但是美国不愿意控制农业产量,除非人们达成一致共识,否则调整措施可能中断。"我们无论走什么道路,调整面临极大困难。现在起码有三条路可走:国际主义、国家主义和有计划的中间道路"。"在经济国际主义和国家主义之间的中间道路,才可能是我们最后可以走的"。

支持国际主义道路,"那是我天生的态度"。这也是华莱士大叔的主张。但是,爱国主义意识是普遍信念,高关税政策会阻止美国走国际主义道路的决心,国内实行调整政策,目的是减少过剩的农产品种植面积,不可避免。他说,土地开发造成农业生产过度,这些土地已经造成了混乱、贫困和浪费,由于世界不需要过剩农产品,美国4300万英亩的过剩土地应该退出生产,调整基本农产品产量是《1933年农业调整法》要做的。

必须调整种植面积。政府将对参加合作、按配额调整种植面积计划的农场主进行赔偿或奖励,同时将这个办法永久化,"以求在更大范围内、更加有选择地、以永久性为基础,减少种植面积"。美国人民要做的就是迅速组织起来,减少国内农产品产量。按照《农业调整法》,这些暂时措施并不会有多大的帮助,从而也就不能"构成美国农业的基本计划"。"坦率地说,我们所做的本质上是实验性和救急措施。我们充分意识到这些措施无非是更远的将来我们要设计并开动的机器而已"。美国应该限制生产,否则国家就得拿出更多的钱去解决生产过剩问题。"我对目前的困境研究的越多,就越感觉我们不能仅仅采取现在的应急方法。我们必须尽早找出根本办法,办法要与我国的国际地位和我们的人民的智慧相称,并且要不顾艰难险阻去实现计划,无论机会主义的压力有多大"。尽管美国自然资源丰富,可以满足大部分国内需要，但是实现"一个自给自足的乌托邦极为困难"。而且政府需要安置过去从事对外贸易的人员，安置大量农民，"这些还只是小困难，人们普遍认识到，孤立地实施繁荣计划，需要使全国意愿保持一定张力"。世界文明发展史表明，专业化分工和相互贸易的巨大作用，美国农业的外向型路线早已形成，而且通过出口获得了无数好处，退出世界贸易根本不可能，所以，在世界走向贸易保护主义时美国应该发扬耐心和力量，走国际主义路线。

各国要建立睦邻友好关系，美国人也不能只追求利润。只有思维方式转变，整个社会基础才会随之变化。新政的目的就是唤醒全体人民的共同责任，建立睦邻友好关系的感情，使这个感情在现代社会中变得更加有效。各个国家应不分彼此共同合作，解决经济问题，只有采取合作才是美国走出困境的光明道路。

于是美国面临两种选择：要么关起门来，让近5000万英亩土地永远休耕，遭遇社会和经济困境；要么放弃高关税政策，每年增加10亿美元的外国商品进口。或者适当减低关税水平，每年增加5亿美元国外商品进口，同时让2500万英亩土地休耕。这个解决办法对工业和农业都较为可行。"实质上，这是新政解决美国外部问题的政策"。华莱士指出，解决农产品过剩，要同时三管齐下，"农场退耕，减轻关税负担，提高购买力"。而增加购买力，"会使农业通过直接提高国内消费，或通过国外客户向国外出口货物"获得收益。

(六)《华莱士日记,1942~1946》(1973)

1973 年,美国历史学家布鲁姆(John Morton Blum)出版了华莱士 1942~1946 年的日记,定名为《远见的价值》(The Price of Vision: The Diary of Henry A. Wallace, 1942~1946)。当时他任美国副总统,并兼任战时经济局局长,后任美国商务部长。

图 2 《华莱士日记》忠实记载了他的常平仓思想过程

(资料来源:http://www.amazon.com/The-Price-Vision-Wallace-1942-1946/dp/0395171210)

"日记的内容揭示了他在政界的政治发展和政治对政策的影响"。以往华莱士曾经记过一些简要的日记,但都因为工作忙而放弃,这部日记是他于 1941 年 12 月 17 日主持美国战时经济局之后 2 个月开始的。"不仅是一个反思的渠道,正如作者所言,日记是他日常生活的记录"。"除了方便历史记载,华莱士日记更具有时代和便利用途"。与华莱士的演讲、书籍和文章相比,他的日记"明确的目标"较少,"而且他的文字在传达其目的时,只能在日常的实际话题的背景下才表达出来"。这部日记按照其原貌出版未作更动，出版前编者与《华莱士口述史》一一对照，以保证史实准确。布鲁姆的"导言"指出，《1938年农业调整法》给了华莱士机会，建立美国常平仓，"运用政府采购、储存和销售办法，保证供应以防出现过剩和短缺"。布鲁姆还提到，由于实行常平仓后获得巨大成功，他在1942年提出建立世界性的常平仓，但当初华莱士并没有预见到，常平仓在第二次世界大战中能够发挥巨大作用。

日记第一篇是华莱士给罗斯福总统的信，写于1942年2月24日。他向总统提出了战后设想，当时他组织一些人在素有美国凯恩斯盛名的汉森（Alvin Harvey Hansen，1887~1975）和理福勒（Winfield Riefler）帮助下，研究"国际常平仓计划"。布鲁姆指出，只有华莱士认为"特别重要"的信件，才会记入日记，这里反映出华莱士常平仓思想的重要性。

在1942年3月26日日记中，华莱士记述了他给总统的另一封信。该信指出，美国国会没有预见到珍珠港和新加坡战争。建立战争储备很重要，农业部已经建立了"全面的常平仓"，在产业界，联邦贷款机构也需要如法建立充足的储备，建立工业常平仓。这封信依然反映了华莱士对常平仓的信念。但此时，他的常平仓已经主要是针对进行战争物资储备。

华莱士还提出建立国际常平仓的思想。1942年9月1日，华莱士会见澳大利亚负责农业事务的特别代表麦克道格尔（Frank McDougall）时，提出建立美国、加拿大、澳大利亚、阿根廷常平仓建议，麦克道格尔对之"非常感兴趣"，认为尤其是建立小麦和脂肪常平仓，保证价格"非常可行"。同时华莱士还建议，应该避免欧洲国家聚集过剩食品，避免再次发动战争。可见，他的世界农业常平仓思想，仍然着眼于稳定市场价格、稳定供应。1942年11月2日，华莱士提出建立世界"新政"的愿望。新政农业政策获得成功是他这个思想的基础，这里的世界性新政恰恰是他念念不忘的"国际常平仓"。1946年8月2日，华莱士出席美国政府内阁会议讨论建立世界粮食局一事。成立世界粮食局的想法，是由当时的联合国粮农组织总干事奥尔爵士（John B. Orr）提出的。华莱士"精确地描述了"奥尔爵士的建议，把它称为"国际常平仓"。布鲁姆指出，奥尔爵士的建议与常平仓思想完全吻合，难怪华莱士把它总结为常平仓。华莱士把奥尔爵士的思想总结为常平仓表明，美国人对常平仓非常熟悉。

华莱士日记记载了常平仓思想的中国来源。华莱士在1943年2月25日的日记中写到："蒋夫人告诉我她对农业是多么地感兴趣，她已经听总统讲，我们的农业计划部分根据的是中国哲学。然后我就告诉她，我是如何从一本书《儒家的经济原理》得到'常平仓'思想的"。蒋夫人就是宋美龄，1943年她曾代表蒋介石到美国筹集战款，华莱士在日记中记录了2月25日当天他和罗斯福及宋美龄的谈话内容，又一次明确指出了他的"常平仓"思想的来历。这篇日记记载了，罗斯福对于美国新政农业政策的思想，同样指出是来自中国，实际上在此他指的就是常平仓思想。

1944年在抗日战争结束前夕，华莱士副总统启程来华前，曾经专门随身带了一份陈焕章博士论文的重点节选，以便到中国后进行实地考察并做进一步研究，1944年4月29日日记中记载了这一事实："文森特，作为国务院中国事务局局长，似乎非常高兴与我一起到中国去。他似乎在各方面都是一个很棒的人。我们讨论了此次旅行的一些细节，而且我给他了一本儒家经济学关于常平仓的中文节选。我告诉他了一些我希望在中国作演讲需要认真准备的东西的梗概"。华莱士到中国访问了陪都重庆，会晤了国民党主席蒋介石和农业部长沈鸿烈，视察了我国后方的农业建设，所到之处发表了热情洋溢的演讲，除了表明美中的友谊源远流长，和对中国农业文明的衷心向往，也道出了华莱士建立美国常平仓与中国思想和王安石的关系，为我们留下了不可多得的珍贵文献资料。

华莱士在日记中，不断提到常平仓思想和建立全面的美国常平仓体制以及世界农业常平仓制度的想法，说明1938年正式实行的常平仓制度，为解决农业过剩和保护消费者提供了可靠的保证。在1931年之前，大萧条发生的原因主要在国内，之后世界各国经济普遍陷入萧条，国际矛盾交织在一起，解决一国问题必然考虑其他国家的反应。华莱士对美国农业问题的认识，反映了他的国际主义观点。1938年《农业部长报告》指出："我国政府正在做的，是能够说服其他小麦出口国加入可被称之为国际常平仓的计划；通过这一项计划稳定每年各个国家为世界市场提供的小麦的数量"。正是由于常平仓制度在美国解决粮食过剩问题中发挥了较大作用,十分有效,促使华莱士在思虑重建战后世界经济时,首先想到运用常平仓原理。

(七) 华莱士谈《农业调整法》

两个《农业调整法》是新政时期华莱士农业政策的核心内容,贯彻了华莱士重视农业基础,从建立常平仓制度、解决农业价格问题入手,解决保护农场主利益、保护消费者利益,最终稳定经济的思想。1933年5月10日,美国国会通过了第一个《农业调整法》,5月13日华莱士为实施这项法律在电台作了演讲《非独立宣言》(A Declaration of Interdependence),阐述了法律内涵和政策意图。这篇讲话后来被收入《美国年鉴》。

美国分配制度存在问题,必须进行农业调整。"现在这种分配一方面造成食品堆积,弃置无用,而在几百哩之外,人民在挨饿",一来要"以调整农产品做手段恢复农场主的购买力,增加有效需求",二来要"进行调整和行使权利,减少分配造成的浪费"。华莱士指出,《农业调整法》和解决萧条问题密切联系。"农业法决不能只限定在行孤立的业内考虑;它是一个大规模、协同并进战胜萧条的重要部分",紧急任务是"组织美国农业,根据国内需要加上用于出口并能够赢利的数量,减少产量"。这是由形势决定的,也是美国经济问题所在。他说,退耕土地"是一项艰巨的工作"。美国已经"没有值得取得的土地以供攫取","我们必须经历身心的转变",农场要根据形势进行"思想调整"。

所谓"思想调整"就是他的"新边疆"观点。他声称,现在向我们挑战的边疆是思想和精神。我们必须用科学成就、和平艺术和产业开辟新的道路。首先我们必须在有控制的经济方面、在常识方面、在社会礼仪方面开辟新的道路。本法提出实施农产品产量控制,不控制种植面积,价格上涨后,下年的播种面积就会增加,丰收又会压跨价格。"这项法律承诺共同富裕,共享繁荣,过更富有的生活"。"我希望你们能从这个法律中看到一个非独立宣言、一致承认的共同基础,以及对我们相互依赖的承认"。

1938年3月7日,华莱士在《1938年农业调整法》通过后,又在电台发表讲话《新农业法,农业和城市共同富裕》。他说:"今晚我要谈谈新的农业法,以及对于农村和城市人民来说它的含义"。"第一,《农业调整法》展现了一个简单而明确的农业计划。第二,这个法律是一个带来丰裕的农业计划。它奠定了一个可行的常平仓计划的基础,通过这个方法带给农民和城市人民更好的生活。最后,新农业法把民主原理直接运用到农场主必须面对的最严重的问题。民主和丰裕是新农业法最有力工具"。实行这个法律的目的,是"尝试为人民带来共同富裕"。

新法比第一个《农业调整法》简单易行。它强化了水土保持,农民们不论种什么都可以参加计划。"本法中有关土壤保护的部分对于整个计划非常重要,而且是整个计划的有力框架"。新法还规定,建立玉米、小麦、棉花、烟草和水稻常平仓。"第一,对农场主分配种植面积,种植面积之大,应保证生产足够的作物，满足粮食每年平均周转量。第二，试行储备贷款，在粮食充斥时，实行保护底价，在需要时为农场主提供资金，以保证供应，满足他们的生活需要。第三，在常平仓爆满时，实行销售配额"，"销售配额经参加计划的2/3的农场主投票通过才实行"。因此，这项法律简单而易行。以往近50年，美国国会通过的一切法律不是"虚幻的"，就是进行"经济干预"，不是"社会主义的"，就是"独裁的"。"这项新农业法却是例外"，是为了农业和全体人民的福利。对于法律中常平仓制度特点，华莱士解释，是保证不同年份充足的食物供应，为牲口提供饲料。通过维持较大粮食和饲料储备，农场主和城市人民的福利都得到充分地认可。可见，"农场主和消费者的共同福利是基础"。"通过实行新农业法，农场主奠定了计划的基础，向全国展示出在解决当代最难的问题时如何取得进步"。"新的法律提出了一个巨大而操作性的问题。就是在天气极为多变的情况下，如何保证食物供应和农业收入"。他指出："我国再也不愿经历1932年的情形了。1934～1936年的旱灾使美国人民认识到，他们有共同利益。"农场主在消除旱灾的影响时，城里人却被陡升的价格害苦了"。同时解决两方面问题是"常平仓计划的目的，熨平供给的陡升陡降为的是保持并促进农业发展，进而为全国大量储备食物和饲料"。

土壤保护具有重要意义。"如果农场主被迫残酷竞争，耗尽地力，就不会有持久繁荣"。农产品贷款是为了应对"任何大量供给造成的价格崩溃"，并"将在产量超常时为农场主提供贷款，使供应量储存于市场之外"。市场配额是一项应急措施。"如果供给一再增加,常平仓就会爆满,政府贷款投资受到威胁。在农业法继续受到威胁时,才实行销售配额"。

农作物保险是重要的保护政策。农作物保险将"为小麦农场主提供保护",如果他们在干旱、洪涝、交纳保险金、病虫害等方面有损失时,就能够收回生产成本。"保险费将采取小麦储备形式。粮食储备成为常平仓储备的一部分,并用于对农场主灾年的赔偿"。以上措施显示,"对价格的剧升和剧跌所提供的保护,会使农场主更好地得到均衡的收入,更安全和更高的生活水平"。

"对于城里人,新农业法同样意味着更为丰裕"。城里人也许不知道,他们也是坏天气的受害者。"在这个农业法下,大量小麦和玉米储备比起曾经通过或提议过的农业计划,都更加稳定了面包和肉类价格。这项法律将会减少玉米供给,减少猪肉与牛肉价格的剧烈波动",这样城里人也会从中受益。"当农场主得到更好保护,避免了供给和价格剧烈波动,稳定的商业活动才会由此开始"。"城里的工人从这项计划中收益最大","当常平仓熨平了残酷的农产品供给波动后,劳动者、商人和资本家都会得到稳定回报,提高福利水平"。"而在共同丰裕中,人人都是赢家,没有输家"。华莱士提出,要采用民主的方法实行新农业法,比如是否实行农产品销售配额,要进行公民投票,计划要经多数人同意才可实行等。"这当然不是政府管制,如果有任何'管制'的话,它是农场主的自我管制"。新农业法的两个核心思想内容是民主和丰裕。这两点足以保证美国农业打破工业资本家的垄断，解决工业生产下降问题，实现工农业产品的平衡。如果工业也加以改革，"农民和城里人都能很快致富"。所以，华莱士的"农业计划是服务于农业福利和全体福利的"。

《1938年农业部长报告》是美国当代农业政策的解说。《美国年鉴》曾以《华莱士：新政农业政策》为题，刊印了报告主要内容，后在1949年芝加哥大学学院选编的《人民应当判断：美国政策的形成读物》(*The People Shall Judge*: *Readings in the Formation of American Policy*) 一书中重新发表，题目是《农业的失调和"1938年农业调整法"的来源》。这是一篇对新政农业政策的最好总结，同时也表明这篇文献所具有的重要意义。

华莱士在报告中总结了美国第二次农业革命，并回顾了美国出现农业萧条的原因，认为解决农产品过剩的主要办法是，一、停止生产，把农业生产资源转做他用；二、把过剩产量储备起来，以待将来销售；三、为农业人口找到新的工作，温和地调整农业产量，同时找到解决过剩问题的办法，只有第三个办法可行，而且美国已经做了较大努力。

农业问题"明显成为国家的责任"，"需要政府行动"。农业部承担了一部分责任，原因是问题不但来自农业，又来自城市。农业部解决大萧条的办法之一就是实行了常平仓计划。"调整政策转变为常平仓。这个词汇是全部过程的最好归纳。正如它的字面意思，常平仓包含了比最初紧急时期更宽的概念，那时我们的优先目标是根据缩小的世界市场进行调整"。常平仓与最初的农业调整经验相比"如同现代汽车和人力车相比一样"。常平仓计划还保证了国内人均有一定的需求余量,使得美国的商业农业能够带来最大丰裕。新法还通过公平价格,激励农民为满足国内市场进行生产。在具体做法上,常平仓机制为在一定供应和价格条件下进行生产提供农产品贷款,这些贷款会遇到一些困难。避免这些困难的办法是清醒地抓住贷款所要达到的目的。很显然,建立常平仓是把丰年的过剩转移到灾年,农产品贷款也为储存提供,从措施上稳定储备农产品的季节性价格。对于储备农产品的价格,在丰收年价格较低时应略微提高价格,在受灾年价格较高时应略微降低价格。换言之,真正常平仓型式的贷款,其功能是针对市场供应和价格波动反其道而行之。通过基本供求因素把平均价格维持在保证线之上,不是它的功能。

《农业调整法》找到了解决粮食过剩和价格波动问题的方法。区分"消耗地力和保护地力的农作物",就把保护目的和提供高效农业结合起来,并能够进行均衡生产。实行"作物种植分配",农场主就能根据市场需求进行生产。"如果产量超出平常",可以把粮食储存起来,并从政府得到农产品贷款。"如果常平仓爆满",自行投票实行销售配额,使供给量按正常要求提供。反过来,在干旱年份,这项法律通过常平仓特点可以避免短缺。富兰克林·H·金教授指出,中国"已经证明他们抓住了根本性的基本原理,这些值得西方国家深思和学习"。华莱士说,常平仓思想的变形现已在牛奶生产中加以应用。基金通过农产品信贷公司转入牛奶产品销售协会,在生产旺季采购黄油,在正常生产减少的季节销售黄油。然而,当市场情况不允许出售原有黄油,收回生产成本时,联邦过剩农产品公司将授权从牛奶产品销售协会购入黄油,分发给需要黄油的家庭。这个计划和稳定奶牛饲料供应的计划相配合,就可稳定黄油价格,使牛奶制品超过正常回报。

华莱士在以往文献中并没有把美国常平仓解说的如此透彻,但是两个《农业调整法》的讲话和报告中他一再说明常平仓的运做机制,目的当然是使全国,包括农场主们理解只有这个制度才能解决他们的问题,而我们正是透过华莱士的阐述发现,他的常平仓与古代中国先人提出的发展农业生产、保护城市消费者的思想根本一致,实施办法和王安石的青苗法没有根本的不同,美国常平仓所贯彻的另一个思想,是注重用民主方式解决经济问题,这反映了美国的传统。

(八)《普通人民的世纪》(1942)

1942年5月8日,华莱士在纽约卡内基国际和平募捐大会上发表了一篇讲话,这就是他著名的演讲《自由世界胜利的价值》(*The Price of Free World Victory*),这篇演讲"奠定了今后几年里他不断重复和阐发的主要思想"。后来,华莱士还在日记中不断提到这篇演讲,布鲁姆在《华莱士日记》中以附录形式全篇收入。这篇演讲后来以《普通人民的世纪》(*The Century of the Common Man*)为题目多次出版,产生了很大影响。怀特和梅兹(Graham

White & John Maze）指出，这是"华莱士政治生涯中他最值得骄傲的"一篇演说，它"将作为本世纪伟大的演讲世代相传下去"。

《自由世界胜利的价值》代表了华莱士世界观和对于战后世界重建的基本认识。他认为，第二次世界大战的基本目的就是推翻纳粹统治，建立一个平民的世界，这是美国人民唯一的选择。《旧约全书》提出社会正义，到150年前美国建立联邦国家时，对社会正义的政治解释，世界才开始一系列革命。"在完全获得免于匮乏的自由之前，革命是不会停止的"。人民革命要完成四项义务，即充足生产、以最快速度向战场运送物资、竭力投入战斗，以及建设公正、善意、持久和平的义务等。"有人说什么'美国世纪'，我说，我们正在进入的世纪，即这次大战结束之后，能够成为而且必须成为普通人民的世纪"。普通人民的世纪是人民建设自己家园，努力提高生产效率，没有人剥削人，没有国家压迫国家，先进国家有义务帮助后进国家发展工业化的世纪。但是，必须根除军国主义和经济帝国主义，消灭国际卡特尔。公民要提倡牺牲小我利益，维护世界大家庭利益。"只要真正相信我们是在为了人民的和平在战斗，其他问题就会迎刃而解"。他说："我们为了人民的事业将战斗不止，直到取得胜利"。

华莱士从全球战略的角度阐述了国际常平仓思想。历史经验告诉美国人，国界无助于防止战争，国联无助于防止战争，世界应该鼓励相互贸易。只有人民享受到机会平等的工作和买卖，才能保证民主果实。但是由于战争和形势剧变，各国实行多卖少买的保护政策,尤其美国不愿接受欧洲物资,欧洲无法偿还美国债务,经济受到不利影响。"原料价格对供求变化十分敏感。所以,不同原料生产集团,包括农场主,在他们的供给极大超出需求时,就遭遇严重困难。小麦、棉花、白糖、咖啡、橡胶、原铜——战后所有商品都出现了世界性长期过剩"。"原料价格下跌,由此造成原料生产商的购买力下降,成为各国福利的严重威胁"。造成这种状况的正是美国的孤立主义思想,解决困难要"靠美国人采取更有眼光的能力与意愿"。美国人也将采取与其他国家合作的政策。实行国际合作必须考虑保证原材料和经济普遍分配,以保护原材料生产者收入不致大幅度波动;保证产品市场的不可或缺性;消除当前各国普遍存在的关税和其他壁垒;把黄金作为国际支付手段和贸易平衡手段;促进国际信用稳定、国内通货和物资与服务的紧密交换关系,"最重要的是,各国能够与其他国家展开贸易的、充分的购买力的基本作用——国内的全面就业使与其他国家全面的贸易成为可能"。

建立常平仓意义重大。当时各国都提出办法解决原材料问题,但是只有美国常平仓方案建立了充分的小麦、棉花和玉米储备,把丰年的过剩用于灾年,在生产过剩、价格低迷时,惠及生产者,满足消费需求,在供应短缺价格飙升年份,帮助消费者。1941年,美国常平仓储备的玉米保证向英国很快运去了大量猪肉和牛奶。建立常平仓时考虑到,一旦发生战争,这种供应最终将非常有用。但是,我们没有意识到,在和平降临时,在饱受战争之苦的土地上，这些供给多么重要。所以，华莱士希望，"在世界上，作为取得和平努力的一个步骤，能通过数种商品，建立可被称为'常平仓原理'的东西"。

美国等国以往所签订的某些原材料协议带有常平仓性质。"世界在已经作到的和类似的其他原料方面，应该向这个常平仓的方向走，实行出口配额，把价格稳定在对生产者和消费者公平的水平上"。各国应该认识到其意义，这是个长远的计划。"如果普遍承认这个原理，广阔的世界新市场将被开辟。除了依据国内生产用于救济目的，不同国家还能够实施分配计划"。这项计划"是对产业界、农业界、劳工界和政府的挑战，是对我们和其他国家最崇高政治哲学的挑战"，只有承认并研究困难和障碍，才能建立"新秩序"，即"稳定、高效和广泛的丰裕"。华莱士充满信心地指出，由于人们普遍承认世界经济存在萧条的可能，"就增加了我们及时采取行动、防止萧条或者至少减小震动的机会"，必须未雨绸缪，打好应付萧条发生的基础，实行"世界贸易、生产和世界性消费的扩张和调节"。这就是新边疆，是美国在20世纪的泥泞中找到的、召唤他们前进的新边疆。

华莱士不但具有解决美国经济问题的眼光和胆识，而且对于战后新时代也提出了看法，就是建设"普通人民的世纪"，把美国常平仓制度的经验完全推广到全世界，建立"国际常平仓"。从美国建立常平仓制度那天起，他就开始设想把农业经验推广到工业、推广到建立物资战略常平仓、推广到全世界，稳定世界经济。他所谓"国际常平仓",核心是稳定世界各国经济,颇有当代政府经济政策目标意味,不同的是,要在全世界实行共同经济政策。虽然有很大的困难和阻力,但还是抱定了胜利信念。

(九)《六千万个工作岗位》(1945)

华莱士《六千万个工作岗位》(*Sixty Million Jobs*)为战后美国经济做了发展规划,"目标是全面就业和创造2000亿美元的国民产值"。华莱士乐观地看待美国战后拥有的优势,提出要让美国"全体人民更加充实地生活"。全文分六部分。

大战结束,全国经济将由战时状态转向建设。战后大批军人要回国,美国新增加六千万人就业。美国需要足够的住房,创造就业机会,开拓"健康的边疆"是巨大而艰巨的任务,美国的旧"边疆""构成了我国本身发展和就业机会的可靠保障"。因此,以田纳西流域工程建设为样板开发河谷、进行土壤保护、治涝和灌溉,恢复牧区、投入森林恢复和开发、农村电气化工作,这些都是长期而极具意义的工作,就业也有赖于此。平衡发展战后经济的关键在于"合作","如果我们对于合作的努力不给予应有的关注,就不能把全面就业的成本,即联邦预算降到200到250亿美元之下"。因此,国家预算必须关注资本投资,发展住房和健康计划,发展城市和农村,进行商业投资、建设新工厂,发展进出口贸易。"实现最大商业投资和消费支出,其代价是要有合作意愿",这需要国会和参议院各个专门委员会的合作,需要众议院和参议院的合作,需要国会和总统的合作,需要联邦政府各个部门和机构的合作，需要联邦、各州和地方政府的合作，需要政府和商界、劳工界、农业界的合作，需要劳方和资方的合作。每隔二十年我们的国民产量翻一番，如果私有企业愿意赚钱的话，到1969年我国国民产量将达到4000亿美元。

华莱士为战后美国经济发展描绘蓝图，是要解决六千万人就业，使国民产量在5年内达到2000亿美元。在这部美国战后经济发展规划中，华莱士对美国消费能力的估计，正是他重视消费的思想体现，他梦寐以求建立的常平仓，除了解决美国农场主的生产和生活保障，一个最大的特点就是把消费和消费者的利益优先考虑在内。在其他人为战后大量的军人回国将对就业造成冲击而发愁时，华莱士却十分乐观地为美国战后的消费扩张而筹划了，通过满足现有人口和新增加人口的消费能力，带动美国经济发展。从社会再生产的角度认识，消费才是根本带动经济增长的基础。

二、华莱士的农业常平仓制度思想

1930年代美国社会主要面临着社会机制创新的问题，华莱士被誉为"社会工程师"，他立誓为美国设计农业改革制度，建立国家对农业的保护机制：常平仓。海德曾经指出，华莱士的经济思想，是致力于建立农产品丰裕的社会；坚持科学态度，用科学服务人类；注重保护土壤和天然资源；保持农业的可持续发展。麦戈文认为，华莱士建立常平仓和倡导世界常平仓的思想是20世纪美国农业思想的杰出代表；华莱士注重稳定经济，保护农民和消费者利益，核心是建立常平仓制度，也就是通过建设常平仓制度，既稳定农产品供给，又保障农场主收入，还保证经济生活稳定，实现多重政策目标。

（一）强调国家干预和国家对于农民的责任

华莱士指出，如果说农场主有义务保证政府和消费者需求，那么政府也有义务保障农场主收入和美国农业繁荣，实现上述目标就要建立农业常平仓。由于美国工农业不均衡发展，城市势力太大，垄断资本家和劳工相互抗衡，导致资本家增加利润，工人提高工资，而农场主却无法提高收入，以保持与工业品的平价。另一个问题是农产品过剩。他提出，农场主本可以共同限制产量，提高价格，增加收益。但是，由于分散经营，无法自愿限制产量，所以，只有国家才能起到把农民组织起来。正是由于他抱定了农业信念，认为美国农场主有义务为国家提供充足的粮食，所以政府没有理由不保证农场主们的收入。这正是他坚持国家干预农业经济，通过建立常平仓制度，稳定经济的思想根源。

（二）重视农业基础、保护土壤和自然资源

华莱士年轻时就奠定了对农业在经济结构中基础地位的认识。他的农业理想可以追溯到美国建国初期。他说，杰佛逊"希望我们的人民永远是农民"，而且杰佛逊"最讨厌人民都生活在城市"，并反对经济人。杰佛逊坚持农业有利于人格发展的思想，这也是华莱士人生价值观的主要方面，因为只有农业才给人以"健全的人生"经历。

华莱士大叔奠定了他毕生从事农业的信念。他对农业基础地位的重视得自农业信念，无论考虑什么问题，总要以农业观念来衡量其价值。克坎德尔教授指出，华莱士一直认为农村生活和对土地的认识十分重要。1959 年，华莱士曾经公开宣称，要向那些鼓动人们离开土地的行为开战，他认为美国孩子没有农业经历不是好的发展。这是农业高于一切职业价值观的体现，也就是农业是经济生活基础思想的表现，这在他分析美国经济问题时表现得最明显。他认为，大萧条的根源在农业，解决问题的关键只能是恢复工农业收入平价，同时限制农产量，提高农产品价格，建立农业常平仓制度。可见农业基础地位之重要，解决了美国农业问题就找到了解决大萧条问题的钥匙。

重视保护土壤和其他天然资源，是华莱士重视农业基础地位思想的又一体现。华莱士认为，不保护土地，就是不保护农民。他看到有关中国古代依靠很少土地养活着越来越多的人口，并且实行间作套种技术，种植豆科植物，起到了对土壤保护作用时，越发感到保护土壤的意义。华莱士指出，美国毁坏植被和森林，不注意恢复地力，是不负责任行为。虽然美国土壤保持曾经取得相当成就，但是保护土壤是长远计划。战后已经明显出现土地过剩，土地退耕能为农场主带来更大收益。在不影响农业产量基础上，政府按照计划收购贫瘠土地、恢复地力，需要时还可以重新投入使用，这个办法能解决农业萧条问题。他建议，"像中国人那样保护我们的基本遗产"。

(三) 重视农民利益

重视农场主利益实际上就是重视农业的基础地位。19世纪后半期，由于工业化进程加快，垄断资本占支配地位，导致工业品成本不断上升，售价提高；东部大资本家垄断了铁路运价，使西部农产品外运成本加大，农场主利益被剥夺。而美国农业也由于世界市场需求旺盛，农场主大量借贷投资农业，造成农产品过剩，价格波动加剧，农民利益遭受损失，造成美国经济不稳定。所以解决美国经济问题的关键，只能从农业开始。

华莱士重视农民利益。开始他提出农民共同限制产量，以维持农产品价格稳定，后来又鼓吹通过建立主要农产品常平仓，把农产品波动水平降低，不致在丰收时价格暴跌，"谷贱伤农"，而且为灾荒年作了准备。虽然1933年《农业调整法》提出保护消费者思想，但是保护农场主和保护城市消费者难以兼顾，《1938年农业调整法》则解决了这问题，对于消费者的保护有了法律保证。常平仓计划针对农业信贷不利于农民的情况，由联邦政府直接向农民提供贷款，国家承担农产品价格波动的成本。通过各种计划帮农民度过难关，如农民重新安置计划、农业保障计划、紧急救济计划等，都对美国的萧条形势起到了缓解和抑制作用，加强了农业基础地位的稳固，为战胜萧条打下了基础。

总之，新政农业政策最显而易见的，就是建立了常平仓制度。常平仓为美国经济稳定奠定了坚实的农业基础。《1938年农业调整法》以立法形式把常平仓思想纳入美国农业的制度建设之中，常平仓开始成为美国农民普遍接受的思想。当然,美国建立常平仓的实践为华莱士提出在世界上建立常平仓提供了思想基础,所以他的思想发展并没有停留在原地,后来他又提出了建立国际常平仓思想,他的这个思想仍可视为是富有创建的。

第二章

美国常平仓制度的中国渊源

第一节 中国古代常平仓思想与制度源流

《中国大百科全书》对"常平仓"解释如下,中国古代政府为调节粮价,储粮备荒以供应官需民食而设置的粮仓。常平源于战国时李悝在魏所行的"平籴",即政府于丰年购进粮食储存,以免谷贱伤农;歉年卖出所储粮食以稳定粮价。汉武帝时,桑弘羊创立平准法,依仗政府掌握的大量钱帛物资,在京师贱收贵卖,以平抑物价。宣帝时把平准法着重实施于粮食收储,在一些地区设立了粮仓,收购价格过低的粮食入官,以利百姓。这种粮仓已有常平仓之名。五凤四年(公元前54年),常平仓作为一项正式制度推行于较大的范围内。

一、从《周礼》"司稼"到耿寿昌"常平仓"

封建经济时代，仓廪体系是十分独特而完善的财政制度。作为农业大国，我国具有悠久历史，对于仓廪制度在社会经济生活中的作用，历代统治者无不重视有加，仓廪制度建设随着封建经济迅速发展愈加完善，陆续出现了职能各异的仓廪，如太仓、军仓、义仓、转运仓、正仓和常平仓，后来还出现了村仓。在《周礼》中就有如下记载：

司稼，掌巡邦野之稼，而辨穜稑之种，周知其名与其所宜地，为法而悬于邑闾。巡野观稼，以年之上下出，敛法掌均万民之食，而周其急，而平其兴。

所谓"司稼"，作为西周政府的官职之一，职能是根据农业年成的丰歉，决定市场上粮食价格，做到周济紧急，平抑价格。作者认为，从这个官职的职能看，它似是后世之"平籴"、"平粜"或者"平准"官，也就是常平制度的雏形，或者说从西周时期开始，政府已经设立了履行类似之常平仓职能的官职，因此，我们推断当时已经有执行常平仓职能的相应官方机构的存在。就一般职能来说，"常平仓所以均贵贱也"。

范蠡、李悝和《管子》等也都曾通过理论探索、经济活动或执政政策中提出、接受或贯彻直接产生常平仓制度的先行思想。邓云特指出，战国迄秦，仓储之制已经确立，但其制不详。实际上他也说，中国古代的仓廪制度非常健全，周朝时已经很完备了。

《史记·货殖列传》记载，春秋战国之际，范蠡提出"计然之术"。"计然之术"表现了他的主要经济思想，他运用商业观点研究公、私经济活动，得出一些重要原则，如"待乏"原则和"计然之术"。他说，"知斗则修备，时用则知物"，掌握了这两点，就能观"万货之情"了。所以，在商业经营活动中，他大量收购某些尚未形成社会急切需要、价格尚便宜的商品，待价格上扬时出售。这个办法可能在某种程度上有利于农业生产者和一般消费者。更可贵的是，他把这个思想和封建国家的治理结合起来，成为他的"治国之道"，他说，"夫粜，二十病农，九十病末，末病则财不出，农病则草不辟矣。上不过八十，下不减三十，则农末俱利，平粜齐物，关市不乏，治国之道也。积著之理，务完物，无息币，以物相贸易，腐败而食之货勿留，无敢居贵。论其有余不足，财知贵贱。贵上极则反贱，贱下极则反贵。贵出如粪土，贱取如珠玉，财币欲其行如流水"。

就是说，统治者在治理国家时应该认识到，谷价太高或太贱都不利于经济发展，把谷价限制在三十和八十范围内，对农工商都有利。要做到这一点，国家就必须实行"平粜"政策，在谷价过高时，以低于市场价出卖粮食，谷价过低时，以较高于市价收购粮食。经过政府调节，即可制止市场上粮食匮乏或过剩现象。

范蠡的经济措施有重要意义。他认识到价格对生产、特别是农业生产的影响，指出了价格对商品流通的影响；他还提倡农末俱利；建议政府利用平粜政策调节价格波动范围，而价格问题正是经济体系的核心。后来的常平仓原理和目的与他的思想是吻合的。

李悝（约公元前450~前390），曾相魏文侯和武侯。他建议在魏国行平籴之法。他说："籴甚贵伤民，甚贱伤农。民伤财离散，农伤则国贫。故甚贵与甚贱，其伤一也。……是故，善平籴者必谨观岁，有上中下熟：大熟则上籴，三而舍一，中熟则籴二，下熟则籴一，使民适足，贾平则止。小饥则发小熟之所敛，中饥则发中熟之所敛，大饥则发大熟之所敛，而粜之。故虽遇饥谨水旱，籴不贵而民不蔽，取有余以补不足也"。这一政策行之魏国，国以富强。这就是"平籴之法"，其中心思想是，针对谷物产量波动与青黄不接情况，用国家收购和抛售办法，平抑粮价、保障民食。李悝的平籴之法也是常平仓制度的先行思想。

《史记·货殖列传》记载战国时期，商人白圭的"治生之术"强调"乐观时变"，提出"人弃我取，人取我与"的决策思想。主张"岁孰，取谷，予之丝、漆、茧；凶，取帛、絮，与之食"。白圭经商经验和理论、经营手法，恰恰起到了稳定市场供给的作用，对后世的影响深远。

《管子》是一部战国中期出现的伟大经济著作，现存多数篇章都涉及经济问题，"轻重论"是《管子》学说的基础。管仲是《管子》基本概念的奠基人，这部著作把轻重理论用于对谷物、货币和万物关系的论证中，特别侧重货币、物价及农产品的交换。如在《管子·国蓄篇》中说，治理国家，应能"委施于民之所不足,操事于民之所有余。夫民有余则轻之,故人君敛之以轻。民不足则重之,故人君散之以重。敛积之以轻,散行之以重。故君必有什倍之利,而财之横可得平也"。就是说,国家对于人民的生产过剩应予以关注,以轻敛之,以重散之。国家在价贱时敛积,而于价贵时散行,也可获取暴利。国家的买卖活动同时还能平抑物价,可谓一举数得。

总之,范蠡、李悝和《管子》等都为后来的常平仓制度提供了足资借鉴的实例或先行思想。历史事实表明,此后汉朝桑弘羊(公元前152~前80)的平准措施,则是根据范蠡和《管子》的价格概念发挥的结果。他的思想是,运用贵时抛售、贱时收买方式,以求稳定市场价格,这就是平准论。桑弘羊建立的平准机构,主要目的是稳定物价,而不是牟利。从稳定物价的角度看,平准设想是密而有效,重要的是,提倡政府干预经济,稳定物价的思想,为后来的思想发展打下了基础。从经济思想的发展上看,桑弘羊的平准为北宋的王安石之市易法提供了直接借鉴,王安石当时曾以恢复《周礼》的制度为己任。而到了汉代,耿寿昌根据前人的理论和实践,最终于汉宣帝五凤四年(公元前54年)提出全面建立常平仓的思想,"请于边郡皆筑仓,谷贱时增价而籴,贵时减价而粜,名曰常平仓,常平之名起于此也"。常平仓制度自此得以在中国建立。之后我国长期实行常平仓制度,取得相当成效,基本上作为成熟的制度流传下来。

二、从常平仓到青苗法的考察

常平仓作为一项制度,自确立以来,历代王朝或长或短,几乎都加以采用,不少后人对之加以记载和研究,使我们基本能够看到几千年来常平仓制度演变全貌。邓云特先生在《中国救荒史》一书中对常平仓制度的重要作用有详尽叙述。常平仓制在中国最古。

自司马光谓为"三代圣王遗法"。虽崇信古人太深,估算过早,但如上所述仓制起源之各种初期设施,实皆属常平性质,而为后世常平仓方法之所本。故亦可视为常平仓之最初沿革。后汉初年,因袭前汉旧制,仍立常平仓,但至元帝初五年,因朝臣言其弊,遂行罢废。其后晋武帝时,议行"通籴"之法,欲以布帛市谷,以为粮储(详见《晋书·食货志》),但其施行经过不详。未几北方乱,晋室南迁,经济紊乱,不遑宁处,当更无从容从事仓储之机会。南北朝之时,北齐武帝永明中,天下米谷布帛贱,欲立常平仓,市积为储,六年诏出上谷钱五十万,于京师市米买丝、棉、纹、绢、布,各州亦出钱市绢、布、米,使台传并于所在市易。(《晋书·食货志》)北魏太和十二年,诏求安民之术,秘书监李彪上议,请立常平仓,帝善之,太和二十年,遂罢焉。隋文帝开皇三年,于陕州置常平仓,于京师又置常平监。至唐武德五年废常平监,永徽六年于京东西置常平仓(见《通典》)。开平二年,更下诏全国诸州、道遍设常平仓。(见《册府元龟》)迨乎宋代，则一州一县均设常平仓一所。

考宋代之常平仓，乃创立于太宗淳化三年（见《宋史·食货志》），又因京畿大丰熟，太宗遣派使臣就首都开封府四城门各设一场，收高价所籴之谷，储于近仓。待饥荒之时，即减价籴于贫民。当其粜时，亦于四城门各设七所乃至十四所，专管卖出事项。（见《续资治通鉴长篇》）……自真宗景德三年之后，除沿边州军以外，各地皆遍设常平仓。京东、京西、河北、河东、陕西、淮南、江南、两浙等处均有之，荆、湖、川、陕、广南则至天禧四年亦行设置。量户口之多少，留取上供钱，大州一、二万贯，小州一、二千贯，以为籴本。每年当春、秋二季，即以所存之籴本高价籴谷，待谷价涨时，又依一般市价而出粜。此籴粜高低之程度，较之一般市价，约达三五文之谱。但粜价之低，终不能更低于籴本，后复下诏：粜谷于被灾州军时，每斗价格限以百钱以内，各州籴进谷额，每一万户许以一万石为常度，最多不得逾五万石。有三年以上之储谷，需递纳于粮廪，再以新谷补充之，其后籴本复往往由政府补给储谷，年数亦减为二年，竟成为纯粹交军粮之制度。……至熙宁间，施行青苗法，复设提举常平官，每路四员，以朝官任之；又设管档一员或二员，以京官充之，诸路合计共四十一员。至元祐间，复将提举常平官归并于提点刑狱司。（见李镇《皇朝十朝纲要》）自是以来，经绍圣、建炎至绍兴，数十年间，提举、提点之官或废或存，直至绍兴十五年八月，始决定将常平仓由提举茶监官监管。（见《皇朝十朝纲要》）此即宋代管理常平仓官制之变更之沿革也。

　　金之常平仓，除州府以外，更设县仓。凡离州较远之县份，即另置一仓。章宗明昌三年八月诏各县置仓，命州、府、县官兼提按管局，遂定制：县距州六十里以内就州仓，六十里以外，则特置一仓。（见《金史·食货志》）其后元代亦立常平仓于路府，世祖至元六年，始立仓法。丰年米贱，官为增价籴之，欠年米贵，官为减价粜之，于是八年以和籴粮及诸河仓所拨粮储焉。二十三年定铁法，又以铁课籴粮储焉。（见《金史·食货志》）是后时兴时废。至于明代，嘉靖六年，合抚、按二司督责有司设法多积米谷以备救荒，仍仿古人平籴常平之法。春间放赠贫民，秋成抵斗还官，不取其息。（见《明会典》）。万历以后，郡国之府库尽入内帑，常平之名遂废。天启间蔡懋德议通常平遗法，以广储蓄，而当事者以帑金告乏，虽善其策，而事不果行。（见《广治平略》）清代常平之制仍行，顺治十二年，题准各州、县自理赎锾，春夏积银，秋冬积谷，悉入常平仓备赈。乾隆五年，谕地方积谷备用，以惠济穷民，各省年谷顺成者，乘时料理积储之政。（见《九朝东华录》）

　　以上所述即历代常平仓之制也。大抵常平仓之作用，在平谷价。其办法，即由政府出籴本于丰年谷贱之时，略高其价，广为收储；待凶年谷贵之时，即略抑其价，以便民间籴买。一出一入之间，亦可稍获微利，即以充常平之基金，此殆各朝共通者也。

　　由此可见，如果说常平仓是"三代圣王遗法"的观点有点夸张,起码可以说,这项制度正式起源于汉朝,而思想总是先于制度本身的,所以常平仓思想肯定早于西汉。正如前述,范蠡、李悝、桑弘羊和《管子》都提出或实施过稳定市场的思想,耿寿昌建立常平仓的基本目的是平定粮食价格,办法是丰收年进行粮食储备,以应付灾荒年的紧急需要。常平仓制度正式建立后两千多年中,为解决农业问题,为救荒发挥了极大作用,尽管时有中断,而且出现了不尽如人意之处,但几乎历朝历代都实行过这项制度,体现了制度本身的有效性。而由于各个朝代所遭遇的情况不同,实行常平仓的手法和主要目的不尽完全一致,但这恰也说明了通过这项制度,可能解决很多方面的问题,如保持粮食价格在较小幅度内波动,救济灾民,保证农民能够及时进行生产,还能使国家得到一定收入等。所以,历朝历代统治阶级都或多或少实行这个制度,直到近代。参见图3。

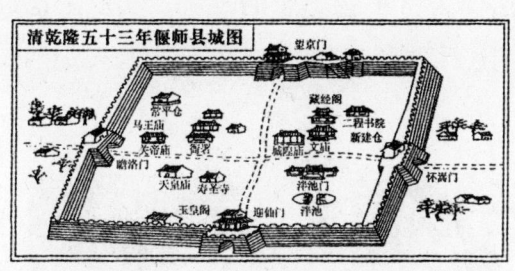

图3 古代常平仓在我国各县设置:偃师县(戊申、1788年)

(资料来源:偃师县志编纂委员会,《偃师县志》,北京:生活. 读书. 新知三联书店,1992年版,第98页)

常平仓思想出现转变是在北宋时期,此后常平仓制度出现了两个方向。在封建地主经济前期,常平仓制度除了形态有所不同之外，制度本身没有大发展，这是由于封建地主经济的基本形态没有出现什么变化。北宋常平仓制度发展又以王安石"青苗法"为代表。"青苗法"从唐朝的"青苗钱"演变而来，此时的常平仓由以前在灾年向农民提供粮食，转变为提供现金，功能也从简单的平抑价格，转变为惠农措施。正是这个转变，为中国甚至世界农业在当代货币经济阶段运用古代制度作出了榜样。当然常平仓转变为青苗法是由于到了北宋时期，中国封建地主经济开始出现新转变，商品经济愈加发达，贸易量增多，商业化趋势加快，出现了大都市，货币需求量加大、流通速度加快，货币经济成为普遍因素，经济制度也随之发生变化。常平仓制度由于其解决农业问题的有效性，被仰慕古代制度的博学之士、也是抱有救世救民远大理想的王安石继承，同时他结合了历史上的青苗钱制度，把常平仓思想加以发展，成为青苗法。从现代经济学观点分析，王安石的青苗法作为常平仓思想的发展，实质上已经转变为农业

图4 已历600余年风霜的"蔚州常平仓"为全国重点文物保护单位

(资料来源：http：//www.zwbk.org/MyLemmaShow.aspx? lid = 210631, 2014 - 06 - 16.)

贷款性质，但是这个贷款仍然是遵守了常平仓的基本原理，正如

古人所说，无非是贷款与贷物的区别，是时代使然。北宋王安石以前常平仓的基本功能是救荒和平抑粮价，而青苗法的立法目的是，保证农民能够开始生产，而且还保证国家一定的收入。由此可见，经过王安石变法改革，古代的常平仓制度出现了两个发展方向，一个是保持了原来的基本制度功能，平抑物价与救荒，另一项则采取了现代形式，即惠农贷款，这是现代财政金融政策措施。王安石变法的各项措施对于后代的影响难以估量，民国时期在1935年，当时的国民政府曾经电令各地，研究"王安石政治经济学"，并出版了不少有关王安石的研究成果，各地还仿效王安石进行一些政治性的改革措施。更值得注意的是，当时实行的青苗法、市易法与均输措施等对美国也产生了非常大的影响，曾任美国副总统、农业部长的华莱士多次提到这一点，并一再表示了对王安石变法的向往和钦佩，指出从王安石变法中可以学到的经验教训有很多。

第二节　华莱士思想的中国印记

一、华莱士与中国

华莱士与中国的渊源建立于他对中国古代哲学的折服。华莱士"好读书,知识极渊博,关于中国之书籍,阅读之多,美国政界中无有出其右者"。1910年,他曾在爱荷华州首府得梅因市(Des Moines)公立图书馆读到中国留美学生陈焕章的博士论文《孔子及其学派的经济原理》(The Economic Principles of Confucius and His School),在第二卷570~610页,"有叙及我国常平仓制办法,推崇备至,悉心研究,阅20年,即倡议此说"。所谓"此说"是指,美国农业经济大萧条时期,他"建立'减产津贴恢复价格'之农业调整法(AAA)。嗣迭经1934、1936年之大旱灾,促使其将常平仓制并入农政立法中,经提倡,试行而迄制法实施"。这一事实已有很多中外学者加以关注。旅居美国芝加哥的钱存训先生说,常平仓思想"先由哥伦比亚大学的陈焕章在其1911年的博士论文中加以讨论。1918年,华莱士先生主编一份周报,这篇论文正巧落在他手里,自此他对这中国古代制度极为赞赏。当华莱士于1933年出任农业部长时,这个中国的理想终于为美国所采纳。他运用此经济理论以控制不断增加的小麦及其他过剩农产品,当20世纪30年代,美国过剩农产品的堆积,形成了1929年不景气的重要原因。1933年第一次颁布的农业调整法,乃是罗斯福实施新政的主要措施,也就是'平籴法'这个中国制度在美国具体化的一贯案例。此前原北京图书馆馆长袁同礼先生也注意到了这个事实。

美国科学家对于中国农业的考察报告深刻影响了华莱士。实际上,华莱士"对于中国农人发生浓厚之兴趣,已三十余年;远

第二章　美国常平仓制度的中国渊源

在1911年——即中国革命爆发之年", "已获读金教授所著关于中国之四十世纪之农人'一书"。这本书所介绍的中国人"与动物很少联系, [华莱士]被深深地吸引住了:他们能够直接利用植物并在四千年来保持下来。读罢这本书, 他计算了维持自己生存最低的土地需要量, 然后试图以这类土地的名义产量为基础提供的食物生存下去"。在这里, 华莱士提到的金教授即19~20世纪之交美国著名土壤专家富兰克林·H·金教授。富兰克林·H·金教授在1909年到中国考察农业, 足迹踏遍南到香港, 北到中国东北的沿海各个省份, 通过亲历指出, 中国以有限土地资源养育着占全世界四分之一的人口, 靠的是有效利用较为稀缺的土地资源, 采用精耕细作的农做方式, 为美国人树立了榜样。这种以游记方式记实性地反映中国农业发展现实, 对于华莱士认识中国农业非常有益。华莱士通过富兰克林金教授的实地考察报告, 验证了他来自陈焕章著作中关于中国农业具有先进的农作技术和相应制度的观念, 即中国依靠远比美国要少的多的土地, 养活多达4亿的人口, 有效的种植技术和农业制度是必须的; 而且, 土地为人类生存所提供必须生活资料方面的重要性, 更深深影响到他, 不仅中国的农业耕作方法值得学习, 农业制度也值得美国人研究, 那么其中理应包括常平仓制度。由此可见, 中国古代农业思想和农业成就曾经直接影响华莱士。

王安石变法是另一个影响华莱士的中国事件。"华氏研究中国历史, 对于吾国王安石之农政备致推崇, 迭次言论中皆有向往

85

之词"。华莱士说，1930年代初，他"始获知九百年前著名之中国推行新政者王安石，彼于1068年在重大困难之下，所遭遇之问题与罗斯福总统在1933年所遭遇之问题，虽时代悬殊，几于完全相同，而其所采方法，亦非常相似。王安石创立收获贷款（青苗法），适合纳税能力之税则，公共建筑计划与若干其他便利平民之法规"。华莱士时常把1930年代美国的经济形势和我国北宋时期的形势相比较，说明受王安石变法思想影响之深，而王安石变法的一条非常重要的措施，就是青苗法，把以往的常平仓制度加以发展，以适应北宋时期商品经济发展的形势，这恰恰是华莱士极为推崇的。

华莱士在农学院所学到的有关中国的知识直接影响到他。德国农业化学创始人李比希（Justus von Liebig, 1803~1873）《化学在农业和生理学上的应用》一书初版于1840年，早就译为十多种文字在全世界广泛发行。马克思和恩格斯高度评价这本书。美国科学促进协会评价说："从来没有一本化学文献，在农业科学的革命方面，比这本划时代的著作起更大的作用"。关于中国农业，李比希指出："观察和经验使中国和日本的农民在农业上具有独特的经营方法。这种方法，可以使国家长期保持土壤肥力，并不断提高土壤的生产力以满足人口增长的需要"。作为农学院的毕业生和严肃的农业经济学家，华莱士关注着世界农业发展，这些有关中国农业的观点无疑也对他发生着直接影响。

二、陈焕章与华莱士

陈焕章（清朝光绪七年1881~1933）字重远，广东高要人。戊戌变法前夕，投康有为门下受业，赞成康有为以孔子"诞辰"纪年。1904年在北京应特科考试，中进士。1907年以翰林身份被选派赴美国留学，入哥伦比亚大学经济科，并于1911年获得哲学博士学位，博士论文《孔子及其学派的经济原理》当年作为"哥伦比亚大学历史、经济和公法丛书"之一，由哥伦比亚大学出资付印，在纽约和伦敦出版。这部著作，陈焕章曾准备翻译成中文《孔门理财学》，但最终的完成则是最近才由北京学者翟玉忠完成的，离开当时出版已经是一百年之后的事情了。

图5　陈焕章（1881~1933）

（资料来源：http://a3.att.hudong.com/01/72/01300001154125130624722926408.jpg，2012-07-30）

华莱士对于中国古代常平仓思想和政策发展的认识直接来自

陈焕章。论及陈氏，恐怕声誉最著者就是这篇博士论文了。尽管该书在国内影响有限，在国外影响之大，恐怕是他始料不及的。该书1911年出版后，多次再版，《美国历史评论》（American Historical Review）称他做出了破天荒的成就，国内各种英文报刊对其倍加颂扬。而且哥伦比亚大学学术权威塞利格曼在主持中国留学生博士论文答辩时常以此书中的观点提问。熊彼特《经济分析史》中也曾经引用该书，说明中国古代经济思想中存在着现代经济分析的先行因素。德国社会思想家韦伯显然也研究过他的博士论文，指出陈焕章"从康有为近代改革派的观点出发阐述了儒家的学说"，凯恩斯也对之评价甚高。

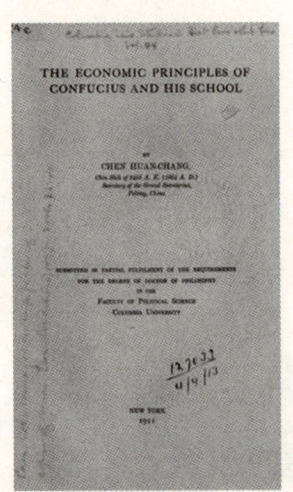

图6　陈焕章博士论文《孔子及其学派的经济原理》，1911年出版

（资料来源：https://images.search.yahoo.com/）

这部著作是儒家经济思想总论。从结构上看，除引言和结论外，全书主干分三部分：消费、生产和公共财政，以九册的篇幅

分别论述先秦以来儒家经济思想体系的主要内容,即:孔子及其学派;经济学与其他科学的关系;一般经济原理;消费、生产要素、生产的各个分支;分配、社会政策以及公共财政等。陈焕章指出,《孔子及其学派的经济原理》的宗旨是"就理财以谈孔教",使"天下之人,知孔教之切实可行,殆如布帛菽粟之不可离也",并研究"独立于西方发展的中国思想与"制度,而且他完全是根据原始经文写作,排除了当代思想对古老传统的影响,充分体现中国传统思想对世界经济思想发展的贡献。他说:"作是书,本含有昌明孔教以发挥中华文明之意识"。而他的主要思想也似乎是为了向世人说明,中国古代经济思想主要是古代儒家经济思想,是世界文明的有机组成部分,并力图使人们"信服孔子学说是一个伟大的经济学体系","一个伟大的道德和宗教体系,并且包含了解决中国当前所面临的严重问题"的办法。所以,当时评论指出:"陈焕章博士之徒,皆非绝对守旧者可比,……其爱国心之热忱,进步心之恳切,……凡西方物质之良,教化之美,无不虚心采纳,以饷其国人"。

中国古代官府重农带来社会进步。本书第21章论述了古代"农业的重要性",他指出:"农业并非唯一的生产职业",他介绍了中国的"农作方法",指出"粗放耕作与精耕细作"不同,阐述了古代思想家对"土地报酬递减"的认识以及"古代的农业生活"状况。中国古代社会阶层分士、农、工、商,而士属于社会管理阶级,他们不生产物质资料,其他三个阶层中,农民是基本阶级,"人必须吃饭,粮食来自于土地,农业就是基本的职业。同时由于中国的土地适于耕种,而且人口众多,中国人就最重农业。所以中国经济几乎就是农业经济"。而由于中国古代君主大多重视农业,古代最辉煌的时代都是农业带来的。如汉代晁错的重农政策,依靠扩大公共支出、减少税收并鼓励农业发展,所以,"文景之治"就发生在这个时期。"文景之治"正是由政府"劝农"带来的。

中国古代农业在古代社会生活中的地位十分重要。他引用了《诗经》,对我国"古代黄金时代"赞颂不已,并加以细致地刻画。他说:"经济生活中最重要的是食品和衣服。食品由男人生产,后者由女人生产。粮食有基本的谷物和辅助的蔬菜与水果。丝绸是基本的服装面料,毛皮是辅助材料"。同时,借用《诗经》,他实际上向西方展现了我国古代经济生活、家庭生活、社会生活和政治生活状况是领先西方社会的,西周末年和汉初的农民的生活显然好于商人。可见,在经济结构中,统治阶级不但应该重视农业的基础地位,而且只有重视农业才能够使国家富强。陈焕章对我国古代农业的论述,不仅是对古代农业文明的一个总结,显示出自古以来中国农业的巨大成就,而且隐含着对古代农业制度的赞美,说明我国的农业思想极为丰富,值得后人借鉴。

儒家的政治理想十分宏伟,政策措施极为科学。本书"社会政策"一册第30章"政府对粮食的控制",详述了中国古籍中记载的历代有关粮食"平价"的做法。我国古代平抑粮食价格的基本思想和措施主要有李悝的平籴思想、"孟子说梁惠王"论述中包含的稳定粮食供应的思想、常平仓制度。古代官府对粮食生产十分重视，重视粮食平价制度建设古代建立常平仓制度的史实，粮食平价原则经李悝和孟子鼓吹，在汉朝以"常平仓"的制度形式固定下来，这就是耿寿昌提出的常平仓制度。

粮食问题在中国具有非常重要的意义。而平抑粮食价格的思想在《周礼》中就有所反映，但是只有李悝的平籴论述最为透彻。李悝指出，国家在丰收年把农民手中多余的粮食平价收购上来，遭遇灾年时以平价出售给灾民，从而保证社会稳定，并使农民阶级受益，也使整个社会各阶级受益，这是古代救灾思想的根本考虑和出发点，李悝的做法在魏国就取得了很好的效果。他引证孟子的话的目的，同样是为了证明国家应该调节粮食的价格，而且国家也能够调整粮食价格，从而保证社会正常发展，减少或解除人民的苦痛。他对古代常平仓制度演变的论述尤为详细，指出我国历史上，在汉宣帝时期，大臣耿寿昌依据了李悝曾经实施的政策和孟子的思想，提出建立并实施常平仓制度，自此这一制度在中国历史上实行两千多年，其间虽然有中断，但是作为一项经常制度基本保持下来，在个别朝代常平仓制度的名称有所变化，实质内容却保留下来。

国家必须采取常平仓政策稳定粮食价格，古代常平仓制度有严格的内容。"当粮食价格很低时，仓库以高于市场的正常价格收购，以使农民获利；而粮食价格太低时，粮仓以低于市场的正常价格出售，以使农民受益。这种仓库就叫常平仓"。当然，他在这里给出的定义只说出了常平仓功能的一个方面，古代常平仓的另一个作用是保护消费者，保证了粮食价格稳定，也就保证了消费者在购买粮食时不致付出过多代价。实际上，常平仓制度在现代的主要功能是稳定经济，熨平经济周期。陈焕章提出实行粮食平价制度。他说，如果从自由放任的立场出发，常平仓制度似乎不符合经济发展的规律，这个观点不对。因为，其一，农民的眼光总是有一定的限制，不能深谋远虑；其二，即使农民能够看得更远，也无法保护自己的利益。因为在中国封建社会，农村生活总是受商人控制；第三，由于粮食是生存所必须的，粮食价格对社会稳定的影响也最大，如果由商人控制了粮食价格，对国家和人民都不利，实际上，粮食价格在中国是社会经济状况的晴雨表；最重要的是，农业和气候的关系最大，粮食产量并不遵守供求规律。

常平仓在中国历史上发挥了不可忽视的作用。陈焕章指出，虽然常平仓实施过程中遇到了一些问题，但是保持着连续性，这个制度在解决农业问题时是行之有效的方法，为历朝历代中国封建政府所效法。到了宋朝，由于经济条件变化，王安石借鉴了常平仓制度原理，制定了青苗法，对农民信贷，使古代常平仓制度适应了北宋经济形势发展。实施常平仓也遇到一些难题。他指出：常平仓实施过程中遇到一些问题，如贪官污吏利用权力大肆聚敛粮食，而由于粮食长期管理不善，有些年份造成霉变和浪费等，但这些问题不是常平仓制度造成的,而是人为的,只要执行得当总是能够避免的。如刘般(19~78)反对建立常平仓制度,认为常平仓会被富人利用,人民得不到好处。司马光(1019~1086)也反对常平仓制度,因为商品信息在古代传递速度太慢,会造成农民难以掌握粮价变动,售粮时受到经济损失。还有朱熹(1130~1200)也反对设立常平仓,理由是常平仓主要设立在城市,只方便城市人民,并不能给农民带来多少利益,而且由于制度操作的复杂性,还造成很大浪费。但是,对于这些缺点,陈焕章认为,这只是人为的,常平仓制度本身并没有问题。

中国凭借几千年文明积淀最终会成为世界强国。陈焕章认为,近代以来,中国经济发展速度十分缓慢,纠其原因主要有以下几个方面,比如儒家经济学说"耻言利"的教化,中国古代哲学思想上深受佛道轻视物质生活、过于强调精神生活等,所以儒家、道家和佛教共同的思想阻碍了中国经济的发展。还有教化方面的原因,即中国重视所谓"四书五经",而不重视实用的自然科学。从社会原因上看,不但士阶层脱离了广大的下层人民,佛教和道教的阶层之庞大,不事生产却消耗大量的社会财富,而且中国妇女没有得到解放,也会阻碍生产力的发展。社会发展缓慢还存在着政治原因,如统治阶级脱离人民,政府管理效率低,资本主义制度产生未久即被摧毁等。他指出,经济不发展的根本原因恐怕还是从经济本身去寻找,除了根本的因素即中国的闭关锁国,"这是一个单独而最重要的原因,很多其他使中国落后的原因都源于此",如生产方法落后、缺少大资本的联合、没有资本增殖、自然资源开发失败、人口持续增加、财富的均等化都是中国落后的根本原因。然而,中国并非不可救药,中国人民自己的优秀文明而自豪,比如它有五千年未曾中断的历史,拥有优秀的儒家思想学说,中国人以道德准则为最高约束,汉语在世界上使用人数最多,中国拥有优秀的文学艺术,政府体制非常稳健,具有民主传统和持久的中央集权等。中国近代的落后是由于西方列强的横加干涉。他充满信心地声称,最终中国无疑会成为世界强国。

总之,古代常平仓是完美而有效的经济制度。常平仓只所以能够长期实行,反映了它的有效性,而类似王安石变法对常平仓制度的继承和发展,有可能使常平仓在当代同样能够发挥解决农业问题的作用。1930年,我国不断有人提出类似观点,如果不是依据陈焕章的基本认识,那么也至少说明后人的研究得出了与陈焕章一致的结论。

陈焕章对于中国经济思想的恢复和发展功不可没。这部长达700多页的巨著是第一部系统总结中国古代经济思想的优秀著作,也是本世纪早期中国学者在西方刊行的第一部中国经济思想名著,还是国人在西方刊行的各种经济学科论著中的最早一部名著,所以在西方影响非常之大,我们能从如熊彼特和韦伯有关中国的论述中,看到西方学者对中国经济思想的认识,无疑陈焕章先生的功劳大矣!

常平仓制度论述给读者留下了强烈印象。华莱士本人在读到这篇论文后，对运用常平仓制度解决美国农业问题充满信心，这在他的相关文献中已经充分体现。因此，在他把常平仓制度纳入美国立法后，还特别指出自己的思想受陈焕章的启发，因为常平仓制度在中国两千多年来不断发挥作用。新政时期农业调整署官员比恩博士（Louise H. Bean）则更直截了当地指出，陈焕章和华莱士的常平仓思想之间存在直接渊源关系。

华莱士经济政策曾经受到陈焕章的直接影响并非偶然。中国文明和悠久的农业史令西方人羡慕，华莱士从事的农业职业本质上和中国农民没有什么不同，所遇到的问题也类似，尽管当代美国农业已经现代化，可是主要是天气造成的粮食丰欠不一并非人力所抗衡，但是人可以通过调节丰年和欠年的粮食需求达到解决问题的目的，我国人民早就解决了这个难题，这就是常平仓思想（包括平籴、平粜原理）和导致这个思想成为主要解决粮食供应波动的常平仓制度，实际上，18世纪的法国政府也通过在华传教士了解中国的常平仓制度，以图借鉴，因为当时欧洲急需解决农产品的存储问题。

陈焕章对华莱士建立美国常平仓制度意义巨大。正是由于陈焕章全面总结了中国古代优秀的民族思想遗产，并在美国产生独特的影响，引起了世界关注，如熊彼特、韦伯都一再对之加以好评，而且美国著名的大学教授还要在学生毕业的论文答辩中就陈焕章的观点提出问题，又可见该书的学术价值得到公认而不容忽视。同样作为经济学家的华莱士，对这本书加以关注也应该在情理之中,更何况这本书所总结的内容是有关华莱士从青年时期就开始关注和加以研究的中国农业问题。而且中国古代思想本身在西方的影响历来是得到公认的,而这个影响也主要是农业文明。这又与华莱士的出身和志向是一致的。所以,陈焕章给予华莱士的影响,能够使他参照中国古代思想的典范,提出解决美国农业问题的建议。只不过在他任职农业部之前只能一个人高兴,真正实现建立常平仓理想,要到他来到农业部的1933年。那么是否仅仅凭这一本书就使华莱士坚信了中国常平仓思想的完美,可以被美国用来解决农产品过剩问题呢?也不尽然,其实华莱士读过的中国书籍是新政时期美国政府官员中最多的,其中有关中国的另一本书,《四十世纪的农夫》对他的影响同样极大;王安石变法对华莱士的影响更大,有关王安石变法,在1930年代出版了一系列中英文著作,例如威廉森牧师(Henry Raymond Williamson, 1883~1966)《王安石:中国宋代的政治家和教育家》(*Wang An-shih: A Chinese Statesman and Educationalist of the Sung Dynasty*)两卷本等,陈焕章博士论文也在当时再版,这些研究都对华莱士产生了影响。因此有必要对上述线索加以进一步回顾。

三、富兰克林·H·金教授与华莱士

《*Farmers of Forty Centuries or Permanent Agriculture in China, Korea and Japan*》是一部美国人自己撰写的中国农业游记,一般译为《四十世纪的农夫》。作者是美国麦迪逊-威斯康辛大学土壤科学家富兰克

林·H·金教授。

图7　富兰克林 H·金（1848~1911）

（资料来源：http://www.mofga.org/，2012-07-30）

富兰克林·H·金教授（1848~1911），美国农业科学家，1901~1904年任联邦土壤保持局土壤管理处长。发明柱形塔式青储窖、乳牛舍重力通风系统，与妻子共同绘制了最早的自然地理和气象学大比例尺地形图。在威斯康辛大学农学院任教时，为该校造了柱形青储塔，成为塔式青储窖的原形。主要著作有：《土壤》；《农业灌溉和农场排涝原理》；《农业物理学》；《居住通风》；《四十世纪的农夫》。他的著作《土壤》在中国有较大影响。1909~1910年到中国等国考察农业，回国后写成了《四十世纪的农夫》一书，在美国农业界传播了中国古代的农业成就和发展现状，某种程度上纠正了美国人认为中国落后愚昧的观念，把中国的农业成就实事求是地呈现在美国读者面前，与他的其他农业、土壤论著一样，这部游记在美国农业界也产生了较大的反响。

《四十世纪的农夫》共有 17 章和 1 个引言，另外本书最后一章"中国和日本对世界的启示"没有完成作者即告逝世，故本书是由其夫人结集出版的。对此，贝利教授（L. H. Bailey）说："这个部分本来会成为对东方现状的细致而有力的总结"。虽然易经无法再读到这个部分了，"但是他给我们留下了一个新的文献，把他对土壤和物理学在土壤学以及农业机械的认识补充到他的标准著作中"。

贝利教授对于富兰克林·H·金教授关于中国的见解十分推崇。他指出："我们还没有整理出人类整治土地的经验，而这个经验是人类文明的根本基础。如果我们要找出征服这个星球的所有能力和办法，就必须肯定地得悉各地人民是如何从土地上生产维持生活的食物，以解决自己的问题的"。目前对于各国农业状况尚无人能够全面认识，这个领域需要"科学研究的精神"，对各国改造土地的成果进行比较，而《四十世纪的农夫》则在这方面做到了。富兰克林·H·金教授研究了东方"农民的实际生活状况"，"我们北美人总是习惯地认为，我们能够指导世界农业，因为我们拥有巨大的农业财富"，但其实是"仅仅因为现在我们的土地肥沃，人均可能占有较多土地，而在耕作技术上，我们才刚刚起步"。东方民族的耕作方法截然不同，也许美国人永远不会接受，但将从中受益很多。虽然新大陆人口不可能达到中国那样的密度，但是如何保护土地显然是美国人要上的"第一课"，

"这正是富兰克林·H·金教授从东方给我们带回来的信息"。正如富兰克林·H·金教授提倡的，如果对外交流活动和学术交流能像运动员、外交官和商人那样频繁，大洋两岸普通劳动人民将得益甚多，由此带来的和睦相处也无法计算其结果。富兰克林·H·金教授建议学习中国几千年来的农业经验，学习中国人对土地的有效利用和保护土壤的经验，学习中国的精耕细作技术，学习中国农业对水利的重视，他还规划建立美国的大运河体系，使美国社会经济的发展能够有坚实可靠的农业基础，使美国文明根本延续。

中国农民充分利用土地，对土壤竭尽保护。富兰克林·H·金教授指出，在旧大陆上，农民在狭小的地块上，以极低成本为数以百万计的人民提供衣食，积累了宝贵文明经验，美国人民渴望看到的农作技艺。在广东，中国人有效地利用土地、阳光和雨水，高效地生产农产品。虽然每年三熟，过度使用地力，需要"保持和恢复植物营养或不断大量添加使得快速地转化为营养物质"，但是中国农民恰好找到了好办法，通过不断向土地施西方人根本意想不到的肥料，很好地保持了地力，保证了土地的长期高产。

地力损耗是普遍问题，中国对三角洲土地的重视和开发利用树立了榜样。中国东南沿海地区到处是密如蛛网的运河，运河不但能形成新地供开发，还可用来跑运输，同时又能用于排水，可谓一举多得。对于风化土地的利用，如在山地、陡坡上栽培茶树，较好地防止了水土流失。与此对照,当时在美国南方和大西洋沿岸南部各州有大片的撂荒土地而被人们弃置不用,殊为可惜,所以应该借鉴中国的经验。我国南方农田里遍布的池塘,蓄水的同时,又蓄积了排灌时带走的养分,经过回收被充分利用,保持了地力,在南方农村极为普遍。"在散布着无数运河的省份,它们还被利用来作为蓄水池,收集土壤地表冲刷物,在沿岸大量的有机物质被保存下来,并在不同的季节种植不同的作物时循环使用,山东省的年降雨量很少,但类似的蓄水做法也很普遍"。

中国古代农业制度具有合理性与科学意义。中国人最会利用时间和空间,以施肥为例,在中国,肥源非常广泛,而且有点粗制滥造,农村的炕土、残墙断壁都可以用做肥田,而西方农民不会有这样的思想。这样施肥提高了土地效率,延长了庄稼生长期,因为无论是水田、旱地,庄稼为了吸收氮、磷、钙和钾等化合物,要求土地透气和湿度充沛,但庄稼在生长期内,各阶段的养分不同,中国的施肥法恰好满足生长不同阶段的要求。华莱士读了这本书后认为,中国农业给予他的观念是,工业是以农业为基础,而发展农业必须依靠农民,正是农民"屈背流汗"才保证了美国工业的长足发展,相反,如果农业基础薄弱,是无法支持工业的。

中国人和土地有密切关系。一个人口数量达几亿的民族能够完全依靠土地的产出,在四千年内生殖繁衍下来,这本身就是一个奇迹,如果没有对土地的有效利用,如果没有相应的农业制度,保证国家依靠土地就能获得长久的生存保障，这一切都是不可能的。在中国，维持人类生存的物质资料全都来自土地，秸杆、高粱做烧材或建材，土地用来烧砖，衣料和纤维制品大部分也来自土地和蚕丝。虽然人口剧增带来了很多现实问题，要求改良土壤和更好管理土地，但是一个几千年农业大国解决了如此多人口的吃饭、穿衣和取暖问题。中国的水路运输十分快捷，有助于全面利用煤炭和矿物及水利资源，减少取暖和建筑材料对森林的破坏。如果各国都像中国人那样深谋远虑，更好地全面利用资源的时代并不遥远。中国集四千年农业经验和丰富的自然资源，前途将是让人艳羡的。如果他们能够保持勤俭和勤奋的态度，合理利用资源，同时保持和平和美德，人民就会过上幸福的生活。中国人民在与挥霍无度的西方接触时，不应丢掉节俭、勤奋和善于利用的美德。他建议，中国应重复利用水资源发电，发展现代化农业。

美国应该向东方人学习兴修水利的经验。四千多年前，中国就开始了治水史，大运河是功劳巨大的的规划。"这条河被称为御河、运河或者运粮河，它把从内地流出的大河连接为一个巨大的水道运输体系"，"形成了运河、水道和散布各地的大小水库，极为发达，并得到充分利用"，保证了对土地的利用，美国也应修建大运河。他说，如果蒙古种族能够散布居在美洲，或者像在东亚那样开发美洲，他们会修建一条大运河，从格兰德河延伸到俄亥俄河，从密西西比河到切萨皮克湾，内陆水道延伸两千英里，开展商业活动，保持并重新分配河水，保持被河水冲走的地表营养，通过运河，灌溉二十万平方英里海岸平原，其价值无可估量，但是现在这片海滩土地已经荒芜，它们被所谓了文明人抛弃了。一旦美国大运河完工，带给美国人民的将是"数以吨计的白糖、成包的棉花、成麻袋的大米、成盒的柑橘、成蓝的桃子、成火车的白菜、西红柿和芹菜"，"新增加的数不清自由人民"，还能"解决他们的穿衣问题"。美国农民过量使用磷肥，同时磷肥向海洋流失的加剧表示遗憾，说"以后即使花再多的钱也无法回收了"。参见图8。

图8 富兰克林.H.金对美国大运河建设的设想

（资料来源：Franklin Hiram King，*Farmers of Forty Centuries*；*Or*，*Permanent Agriculture in China*，*Korea and Japan*，Organic Gardening Press，1911，第273页）

美国必须学习中国的农业思想。"必须开始保护资源，这是人生存的基础"，这样美国才能生存下去，"把我们的历史写上四千年、五千年，而且保持连续的和平记录，没有大规模自然灾害和苦难"。美国还要实行精耕细作方法，同时不过度消耗地力，以保证生命延续。实现作物的一年多季种植，作物要抗倒伏，要茁壮，还要重视建设更多灌溉体系，保持土壤地力，提高作物产量，东亚国家令人感兴趣的农业贡献应该综合而全面考虑，最全面地开展有效地作。"长期以来，中国、朝鲜和日本在永久性农业方面做的很好，他们为我们和其他国家提供了有益的经验，接受和适应他们的好经验，并推动介绍新式改良方法的世界运动"。

美国必须学习东方国家农业经营的原理。东方民族懂得种植水稻，发明运用了独特的排灌技术，进行一年多熟栽培，大面积、持续种植豆科作物，轮番使用青肥和堆肥，保持土壤腐殖质，补充被植物耗尽的营养，这些说明他们抓住了根本性原理，值得西方国家深思借鉴。

华莱士通过这本书得到的观念非止于此。研究美国农业的著作不断有人提到《四十世纪的农夫》，例如斯特洛尔教授（Randall E. Stroll）就提到过这部著作，怀特和梅兹则指出了华莱士曾经受到这本书的影响。陈焕章的博士论文和富兰克林·H·金教授的著作几乎同时出版，华莱士阅读时就有可能相互参照，不但农作上中国成就卓著，古代农业思想更显示出中国是美国不能不学习的先进农业国家。

中国农业文明对西方的影响是深远的。华莱士出身于农民，深刻理解农业的重要地位，富兰克林和杰佛逊的农业国理想更是从根本上影响到他。他指出，关于土地与农民的密切关系，《四

103

十世纪的农夫》所给予我的观念,实较我读任何他书所得者要强。有效的农业文化,是工业文化的基础,而对于人类克服环境的无限未来,为科学所展开与我们之前者,实为必要的先决条件。

四、王安石变法与华莱士

华莱士的经济稳定政策直接来源于我国宋代政治家王安石。王安石变法对华莱士也产生了相当大影响,据他自己说,这个影响是从1935年前后开始的。卜德(Derk Bodde,1909~2003)认为,华莱士的农业政策与王安石变法不存在因果关系,他的证据是华莱士先生的一封信,华莱士信中曾说:"我虽是王安石著作的极力崇拜者,我认为我采取的任何措施都不是由于阅读关于他的著作的结果。'常平仓'这个词汇并非来自王安石,而是来自我上面提到的那本论文"。但是我认为,王安石变法对华莱士的影响是在他读了陈焕章博士论文后,因为在那本书中,王安石变法曾被做了详细介绍。其中对青苗法的介绍,陈焕章指出了其农业信贷本质。理解华莱士本人所说,他在1930年代才受到王安石变法影响,似乎更可以说,是由威廉森牧师当时对王安石研究和陈焕章的博士论文在1930年代的重新印行,使他得以重新审视王安石,而大萧条时期的经济形势与北宋形势形成了鲜明对比,所以华莱士说,王安石时代的经济形势与罗斯福时代是相似的,而且采取的措施也一致,他借鉴王安石的经济政策,并根据美国的实际情况,解决大萧条农业问题。可见要理解华莱士的思想发展,必须研究王安石的变法思想。

图9 王安石（1021~1086）

（资料来源：http：//finance.wo3g.unisk.cn/dlf/upload/26/cc200912161741101581.jpg，2012-07-30）

王安石（1021~1086），北宋政治家、文学家、思想家。抚州临川（今江西抚州）人。庆历进士。初为鄞县知县督修水利，将官谷贷给农民，有治绩。仁宗嘉祐三年（1058）自提点江东刑狱改任三司度支判官，次年春至京城开封，上万言书改革法度，理财应从增加社会财富入手等主张，未被采纳。熙宁二年（1069），在神宗支持下变法，在财政、军事、教育开始进行变法，以期富国强兵。王安石的政治经济思想是：公开主张理财，强调摧抑兼并，并把这个思想贯彻到各项改革措施中。各项变法措施，设置"置制三司条例司"是为了"摧制兼并，均济贫乏，变通天下之财"；而颁行青苗法向农民提供农业贷款，是为了让农民摆脱农村私人高利贷的压榨，也是为了农民能够开展农业生产；市易法为城市商户提供贷款，不让富人大姓"乘民之急，牟利数倍"；均输法则是为了要从富商大贾手中夺回"轻重敛散之权"；同样具有较大进步意义的募役法，是使仕宦兼并之家也交纳巨额的徭役代金；方田均税法又打击了占田多而赋税少的形势之家。由此可见，王安石变法显然具有进步意义。

　　王安石变法的根本措施是青苗法。青苗法是从以往的常平仓制度变化而来，但是采用了唐朝"青苗钱"之名。从现代经济学观点看，宋代青苗钱系农业贷款，具体来说，官府在青黄不接时，贷以金钱供农民生产和安排生活之用，一俟秋收登场，则"令其偿还本利"，政治上，使"昔之贫者举息之于豪民，今之贫者举息之于官"，经济上，"兼并之家不得乘新陈不接以邀倍息"，还可"广蓄积，平物价，使农人有以赴事趋势，而兼并不得乘其急"。

　　青苗法的操作具有现代经济特征。官方以常平、广惠仓"见在斛斗，遇贵量减市价粜，遇贱量增市价籴，可通融转运司苗税及钱斛就便转易者，亦许兑换。仍以见钱，依陕西青苗钱例，愿预借者给之。随税输纳斛斗，半为夏料，半为秋料，内有请本色，或纳时价贵，愿纳钱者，皆从其便。如遇灾伤，许展至次料丰熟日纳"。制置三司条例司上奏说，施行青苗法的资本由常平、广惠仓钱谷充之。其时全国常平钱谷约1400万贯石，将谷物部分售出换为现金发放青苗前。放款期分夏、秋二期，夏在正月30以前，秋在5月30日以前。农民可在规定期限内向官府借款，收获时按所借本钱连同2分利息、照借款时约定谷价、折合实物、随两税归还。若遇灾荒，则可展至下期还贷；归还贷款时，若遇谷价上涨，农民不愿交纳实物，可酌量照市价低的价格交纳现金，但此项折价交纳部分，不得超过原贷款额的30%，其余仍应照原定斛斗交纳。

青苗法借款手续，以人民自由请领为原则。借贷利率以领款时规定的斛斗为度，若农户改还钱，官府取息2分或3分。在乡村之放款采用信用方式，以10户为一保，每保由2等以上人户充甲头，即可请领。在坊郭之放款，则5家以上结为一保，须以自己物业为抵押，方可请贷。贷款数额规定上限，按不同户等贷放，其中一等户不超过15贯，二等户10贯，三等户6贯，四等户3贯，五等户1贯500文。

官方派大员赴全国各地办理青苗法贷款。为了使青苗制度执行有序，上奏提出，欲量诸路钱谷多寡，分遣官提举。每州选通判幕职官一员，典干转移出纳。而在施行范围上，开始时仍先自河北、京东、淮南三路施行，俟有序，推之诸路。但是，很快在三司督办下，青苗法就推行之全国。而以往的广惠仓和常平仓，除量留给老疾贫穷人外，余并用常平仓转移法。

青苗法的惠民性质是显然的。青苗法贷款核心是，农民借贷时，官府和农民就已经约定了还贷时的谷物价格，这样做好处是，农民不用担心下一个收获季节粮食价格是升高还是下降。而谷价变动的因素还是很多的，如天气因素等，即谷价在未来几个月内是不确定的，政府的常平仓贷款恰恰弥补了这个不足，而且王安石还把还贷的主动权授之于民，农民一旦获得好收成，他们可以对比市场上粮食价格的高低，决定是出售粮食归还现金和应付利息，还是直接归还粮食。从现代观点看，青苗法就是农业贷款，而且贷款条款显然有利于借方。

　　陈焕章对于青苗法的论述在英语世界产生了很大反响。我们能够见到各种各样的叫法，例如："the Green Sprouts farming-loans"，"the Green Sprouts program"，"the Green Sprouts reforms"，"the crop loan program"，"the Green Sprouts Act"，"the green sprouts' loan policy"，"the green-sprout loans"，"the Green Sprout Money Law"，"the Green Sprouts Law"，"the green sprouts regulation"等等，但从各种译法看，青苗法都被被理解为信贷政策。

　　古代"政府贷款与公共救济"政策中就有"政府贷款"制度。中国自古就有政府信贷制度，青苗法是其中最值得介绍的，青苗法的思想渊源可以追溯到孟子和《周礼》，《周礼》阐述了政府对农民贷款的原理，肯定了"周公为了人民的利益无疑建立了政府银行"，这就是"泉府"，古代执行这个先人古训的只有王莽和王安石。王安石也认为，青苗法的原型是《周礼》中"泉府"这个机构。到了宋朝，官府贷款办法演变为青苗法，把贷款从谷物变为贷给现金，贷给农民，也贷给城市自由民。陈焕章指出，当人民希望事先得到贷款时，他们可以从政府借到现钱；当交税时他们可以以谷物做现款交纳。如果他们要借谷物而非钱款，或者如果还贷时市场谷物价格上涨，他们要还钱而不还谷物，也是允许的。对于夏熟作物，借贷安排在第一个月进行，秋熟作物，借贷在五月。收成不好时,允许农民在下一个收成好的收获季节归还政府贷款。这项立法的目的,是保证农民能够立刻开始生产,并避免高利贷商人乘人之危。

青苗法农业贷款满足了下层农民的急需,对人民有利。青苗法的三个经济目标,即稳定谷价,鼓励农业生产和增加封建国家财政收入,通过青苗钱结合在一起。青苗法与以往的常平仓制相比,起到平定谷价、保护城市消费者的作用,对于农民也有好处。青苗钱用实物偿还即可平定谷价。威廉森牧师指出:"通过青苗法,不但把农民从沉重的乘人之危的高利贷负担中解放出来,而且他们能够在偶遇资金短缺时,不必中断农作"。

历史上青苗法争论很多,但是现代观点承认他的时代意义。王安石把常平仓法变为青苗法,二者的区别在于,常平仓法借贷以物,而青苗法借贷以钱,钱与物的区别导致王安石与司马光的激烈争论。南宋朱熹首先道破其中奥妙,他说:"青苗者,其立法之本意,固未为不善。但其给之也,以金而不以谷;其处之也,以县而不以乡;其职之也,以官吏而不以乡人士君子;其行之也,以聚敛亟急之意,而不以惨怛忠和之心"。钱物之争,实际上反映了商品货币经济发展的现实与维护自然经济的斗争。黄仁宇认为:"在我们之前900年,中国即企图以金融管制的办法操纵国事,其范围与深度不曾在当日世界里任何其他地方提出",虽然"青苗法即未曾如现代之标准以法定的方式主持"。

王安石变法不甚成功并不说明他的变法政策是错误的。陈焕章说，《周礼》规定的制度在"现代民主制度下是可行的"，如政府贷款不损害人民利益，"不但以最低利息帮助人民，而且能够为国家筹集税收"。如果王安石"计划能够全部实施，中国一千年前就可能是现代国家了"。威廉森牧师指出，变法的反对派如司马光、朱熹、程灏等在王安石之后也改变了自己的认识，说明包括反对派在内都认为变法是成功的，通过对前贤观点的研究，通过对经历过该法的现代批评家观点的认识，我敢说青苗法思想没有什么"坏"的地方。林语堂曾把罗斯福比作王安石，而黄仁宇则认为，王安石的"扩张性的眼界与传统的看法不同"，"与现代读者近，而反与他同时人物远"。华莱士也正是这样看待王安石变法的，或者说，华莱士就是当代美国的王安石。因此，从现代意义上看，王安石变法是包含着成功的因素的。他因时制变和勇于进取的革新精神"在中国封建社会经济学说史上确曾投射过一道承先启后的赫赫光芒"。这个曾在中国历史上发生过深远影响的事件，通过陈焕章和威廉森牧师的全面介绍和评述，不但对中国古代运用常平仓思想稳定农村和城市经济的立法做了总结，而且直接影响到华莱士。

五、常平仓是解决美国大萧条的正确选择

战胜大萧条必须找到产生萧条的根源。华莱士一生政绩卓著，学术上也颇有建树，但只有建立常平仓制度是他最引以自豪的事件，甚至到了1960年代，他还经常提到常平仓制度相关问题。他

指出，在 1920 年代他"作为编辑，在不同的场合提出了所谓'常平仓'制度"。1930 年代前半期，华莱士"把注意力集中在土壤保护和急需建立常平仓上"。虽然 1936 年《土壤保护和国内分配法》没有提出常平仓建设立法，但是在他的主导下，"农业部发动了对土壤破坏和过度种植问题的进攻"，实际上是限制种植面积，这是实行美国常平仓制度的前提。布鲁姆指出，1933 年《农业调整法》被否决之后，华莱士开始组织制定永久性农业法律，即 1938 年通过的《农业调整法》。对于这段历史，历史学家萨罗托斯和希克斯（Theodore Saloutos & John D. Hicks）指出："1930 年代，在执行农业计划时，我们总意识到在农场只能找到问题的一半"，农民的生计"依赖于消费者的购买力"，为了解决"丰裕中的短缺悖论"，"在 1938 年《农业调整法》中开始实行常平仓计划，以保证无论丰收或者受灾都有充足的粮食供给"。华莱士解释说："我是在 1920 年代初期开始考虑常平仓思想的，实际上推行是在 1934 年大旱期间"。

战胜大萧条必须由国家进行干预。1920 年 5 月，农产品"价格大跌，只及原来的三分之一"，自此美国农业萧条开始了，这是 1930 年代大萧条的预演。华莱士发现，仅仅依靠农民自愿限制农业产量又行不通，而且，分散经营导致组织农民很难，这是他 1920 年代鼓吹自愿限制农业产量失败的原因，所以国家干预农业是必要的。华莱士认为，无论发生什么样的严重干旱，美国的农民对于政府和消费者有提供充足粮食的义务。而无论天气多么好，政府和消费者同样对于农民也赋有不可推卸的责任，政府都应该使粮食的过剩得到良好保管，不使不断低落的粮食价格把农民压垮。

胡佛当局的美国农场局计划是失败的做法。农场局是胡佛当局解决农业萧条的机构，曾经提供了5亿美元的贷款，用于收购市场上过剩的农产品，"农场局思想是，丰收年只需收购农民生产的多余粮食，以应灾年需求；而这则意味着农民们经济上的死亡，意味着延长城市人口的面包线的长度"，不限制农产品产量显然不行。"尽管农场局用心良苦，仿照约瑟的做法很显然不起作用"，可见农场局的做法行不通。华莱士说："出于这个原因，1934年春季，在那场干旱转变为历史上最严重的旱灾之前，我想到了常平仓的思想，这个思想能够使约瑟的思想在当代的美国变为现实。在政府的帮助下，常平仓能够使农民把丰收年的过剩粮食用于灾年使用，但是与农场局计划不同的是，该计划包含了在需要时有效的生产控制。我在就任农业部长之前多次研究过这个思想，却只能自己一人憧憬，无法让它为美国人民付诸实践"。

常平仓思想符合战胜大萧条的哲学。华莱士指出，他始终对"常平仓思想很感兴趣"，他的常平仓思想与"古代中国的儒家思想没有很大不同"，常平仓的目的是避免在受灾年份粮食的短缺，同时避免丰收年份粮食价格过低，危及国家经济的发展。得益于华莱士的大力宣传，美国人对这个思想也由开始不熟悉到熟悉，从不接受到接受。如华莱士指出，过去反对常平仓的新闻媒体也开始赞扬常平仓思想，有关报道甚至说"未来所有农业部长的一个素质就是必须发誓坚持"常平仓计划。显然，1930年代华莱士要建立的美国式常平仓制度，其思想就是我国古代实行已久的常平仓制度，虽然具体办法有不同，其基本思想完全一致，而它渊源于中国古代思想也是无可争辩的事实。如果二者有什么不同，那只是华莱士更大程度上借鉴了王安石曾经实行的青苗法的农贷思想，同时也没有放弃我国古代长期实行的常平仓制度的一些具体做法，如农场主依靠常平仓贷款建立粮食储备仓库。而农业部发放"常平仓式贷款的真正功能是制止市场供应和价格波动"。

美国常平仓制度须有清晰的政策目标。常平仓要"保证每年有更丰裕的粮食供应，并为牲畜提供充足的饲料"，农民和城市人民的利益"得到最明确的保障"。常平仓的建立也将为消费者按"公平价格"提供充足的食物供给；使食物、饲料和纤维的价格稳定和价格达到"常平"；稳定国民经济。具体来说，实现玉米、小麦、大豆等五种主要农产品"正常"供应的"公平价格"和农民的"收入平价"，"把价格水平有效地控制在公平价格的上下10%之内波动"。

美国常平仓制度的建立曾经倍经曲折。长期以来，华莱士深入研究美国农业，当时的农业问题主要是农产量过剩和由此引起的一系列经济社会问题。几十年来，不断有人提出各种办法试图解决之，但是都没有成功，于是华莱士开始转向从中国古代思想中寻找出路，美国学者沙基（Leland L. Sage）认为，这是他从

113

1910年代就开始为解决农业问题而潜心研究的课题。1934年华莱士开始公开提出建立常平仓的具体设想后,罗斯福在《炉边谈话》等场合中向美国人民进行宣传,支持华莱士进行农业信贷和粮食储备,建立常平仓制度,达到保护农场主、保护消费者的目的,以期稳定美国经济。看来常平仓思想已经成为1930年代解决美国农业问题的有效选择。但是,作为一个产生于异国他乡的外来思想,真正要使美国人接受,恐怕也并非没有阻力,实际上这个阻力是相当大的,这主要是由于美国人的价值观,是政府对于经济事务的自由放任思想传统。所以在华莱士提出实行常平仓制度之后,在美国朝野立刻引起了轩然大波,针对常平仓思想,在1930年代中期,围绕建立美国常平仓制度展开了一场长达数年激烈的争论。

第三节　美国关于常平仓建设的论战

1930年代,常平仓计划作为美国农业制度建设方面的一个重大事件,在当时曾经轰动一时,社会舆论每言必称"常平仓",无论大报小报、无论在朝在野、从政在学,毫不夸张地说,美国

第二章 美国常平仓制度的中国渊源

的政界和学界都加入了这场论战,这里举出的只是代表性的观点。

一、民主、丰裕和"常平仓":华莱士部长的观点

华莱士访华揭开了我们对他的常平仓思想的认识和理解。1944年,中国正在进行艰苦卓绝的抗日战争,华莱士代表美国政府和罗斯福总统访问了中国,他的足迹遍及四川、云南、广西、甘肃和新疆等地,除了各项外交活动外,主要考察了中国大后方的农业发展情况。对此,中国各主要媒体都作了详尽的报道,围绕华莱士访华,还迅速出版了一些华莱士的生平、华莱士在中国的言论集等。当然,中国人民对华莱士的欢迎,主要是当时美国是中国的盟国,美援曾经帮助了中国的对日抗战,历史上看,庚子赔款后中国向美国派遣留学生制度化,大量美国大学毕业的中国留学生,向中国社会传播了对美国的良好印象,也是中国人民把美国当作友好国家的重要原因,而华莱士在中国访问期间的言论,更让中国人民自豪,这就是他在中国期间不止一次提到,他的常平仓思想实得自中国,而这个思想是与他从小就对农业的热爱分不开的。

华莱士是从书本上认识中国的。中国是"世界具有最古老而悠久的农业传统与农业文化的国家","美国和其他西方各国对农业问题可从中国学到的,实在也不少"。作为农业经济学家,华莱士在大学念书时就开始关注中国农业。他说,我对中国农民发生浓厚兴趣已有三十多年,远在1911年——即中国革命爆发的一

115

年——我已经读到富兰克林·H·金教授所著关于中国的《四十世纪之农人》一书,关于土地与农民的密切关系,这本书所给予我的观念,实较我读任何他书所得者要强。他认识到,"有效的农业文化,是工业文化的基础",人类的未来,仍必须以农业为"必要的先决条件",奠立这个基础的"则是屈背流汗的农民"。他谈到在他任农业部长后,不久就请求国会在立法中加入中国农政的古法,即"常平仓"办法。"常平仓"一词得自陈焕章所著的《孔子与其学派的经济原则》。

华莱士常平仓思想渊源于中国古代常平仓制度,这一点都已经公认。比恩博士曾在华莱士任部长时期农业调整署署长顾问,华莱士从心底里信任他。比恩博士本人是一个严肃的农业经济学家,发表过大量农业经济学论文,全面支持华莱士的常平仓计划。由于他本人和华莱士的密切关系,对于美国常平仓的思想起源,他的观点的权威性得到了公认。比恩博士阐明了常平仓思想的渊源,他指出:"那个特别的思想或词汇'the ever normal granary'完全来自不同的地方。它的来源在中国"。在《华莱士农民》杂志社论中,从1916~1919年直到1926~1927年,有很多有关常平仓的介绍,也就是说,在美国报纸上,"常平仓"一词最早出现约在1916年左右。这里他所说的"不同的地方",指不同于埃及的"约瑟"和1929年成立的美国农场局。后来在《哥伦比亚口述史》中,比恩博士回忆说:"有一次,我"碰巧"发现有一些中国人到他的公寓来,提出了常平仓思想,我感到很有趣,不知道这个思想可能是从某个中国留学生的研究中得来。它正是哥伦比亚研究中出现的那个"Constantly Ever-Normal Granary",华莱士用我们的语言称为"the Ever-Normal Granary"。这是一个有趣的例子,一个人具有某种思想,尽管有人反对,依然紧追不放并接受了它。但是我相信他能做到这一点,因为在我国有支持的环境。我从来不认为它是错误的思想"。

华莱士对中国常平仓思想认识很全面,注意任何细节。他说:"常平仓计划的实行,由于昆虫对粮食的损害,在中国曾发生困难,我因此叫人做专门研究,以求发现如何可使储粮转存而只受到最低的损失"。陈焕章曾经指出,在古代中国实行的常平仓制度有许多弊端,并声言这些弊端并非制度本身的问题,而是人为的,华莱士也曾认真研究过常平仓制度所牵涉的各个方面的问题,虫害问题只是其中之一,而且是不甚十分重要的原因,那么他在此处提出谷物遭受虫害这个原因,应该理解为这个制度在中国古代实行后,遇到丰收年,由于粮食的大量储存,造成难以保管,发生虫害,其实并非常平仓制度的构想或制度本身有什么值得批评之处。实际上中国古代对于仓库长期储备粮食同样有一套十分完善的办法,只是这些办法不是陈焕章要叙述的主要内容而已。

华莱士反对"经济人"。1934年华莱士《我们并非只是经济人》一文提出从哲学高认识美国大萧条问题,任何人都不只是经济人,经济人忽视了规范人的行为的价值观念,当代美国人应重视人的生命价值和质量,不能只用金元来衡量。美国人必须修正自己的经济行为,享受经济上的共同丰裕。美国经济的未来途径是民主化,必须建立经济民主机制,这是政治民主的传统在经济生活中的延伸。经济工程师和社会工程师的勤奋与人类追求社会公正之心,是建立新的社会机制的两个先决条件,新政则是建立民主机制的有效手段。建设经济民主需要富有精神的人,它需要一代人共同努力。华莱士反对经济人的哲学思想,为这个时期提出建立农业常平仓制度立法建议作了最好说明。《农业调整法》的种植面积调整计划是必要的。实际上华莱士本人以社会工程师自诩,提出了转变观念,建立新型社会机制的理想,常平仓制度只不过是社会新机制的具体化之一。

战胜大萧条必须建设常平仓制度。1935 年 5 月 16 日,华莱士在晚间的"华盛顿之星广播论坛"发表《当代美国的约瑟计划》(*The Joseph Plan in Modern America*),批驳了自由放任主义者对进行农业调整的反对叫嚣,他提出:"建立常平仓的行动"是美国农业走出大萧条的最好办法,但是自从他呼吁建立美国农业常平仓制度后,出现了一些不同意见。一些人不理解农业调整政策,"更不幸的是,还有一些刺耳的声音,竭力干扰人们理解它",这些反对意见已经误导部分公众。由于媒体和报纸众说纷纭,这已经混淆了视听,个别批评者"对于修正后的立法法案并不熟悉",必须再次加以专门说明。美国农场主有义务保证政府和消费者的需求,政府也有义务保障农场主收入和农业繁荣,实现上述目标的办法,是实施常平仓计划。

美国常平仓不同于约瑟时代的农业救济措施。这一点应"澄清和说明，实施约瑟的思想时，我们要切记古埃及和现代的美国有一定的差别"，常平仓计划不是以农场主的土地作抵押，目的也不是把农场主的土地财产收为国有。此外，常平仓计划与胡佛时期美国农场局解决农业危机的做法也不同，常平仓计划将和限制农产品生产结合起来，运用农业信贷计划。

反对常平仓计划者的说法是错误的。有些人认为，《农业调整法》是"管制"措施，"与我们的传统和原则相违背"，这显然是认为民主会一劳永逸。"在一个不断变化和演进的经济和社会环境中，基本的政治原则也得相应改进和发展。或者趋向死亡而让位于其他有生命的东西。我们不能只把这种创新视为农业立法不民主的表现而谴责它"。美国历史上，所得税、联邦储备机构、公用事业管制、联邦食品和药物管制等制度的产生，在以往是不可想象的，现在都已成为现实。"我们也不能说民主原则不能用于经济事物。相反被接受的事物还很多"，例如对城市分区和销售市场监管征税等。

必须反对保守主义传统，通过新政战胜大萧条。保守主义传统在美国社会根深蒂固，他提倡创新。美国人对于什么是民主的解释各有一套，观念差别很大。一种错误的观念认为，人的自由是对财产的任意处置，不论他的行为如何妨碍共同福利。但法律决不允许任何人那样做。"每项民主权利都有限度，甚至言论自由，但言论自由并不包括亵渎、煽动和诽谤"。另一种错误观点认为，民主禁止公共机构做那些可以放心地交给私营机构去做的事，不赞成公有企业从事邮件分发、教育、林业、水利工程、灌溉、排涝、作物报告和修路活动。"民主不只是自由放任；还包括了保护和推进公共利益与私人利益。要说明这一点，只要看一看我国和其他国家在公共工程和服务方面的民主进程就行了"。"民主是积极的信条，对于任何紧迫的、国家关注的事物采取主动计划。不承认这一点就是对民主的苍白无力的谴责"。

建设常平仓制度会给美国带来经济丰裕，同时它又是民主的。农场主无序竞争，就要受自然规律的惩罚，所以不能放弃农业计划。"甚至为了物质的目的保存民主也是基本要求。民主是科学和发明的核心。所以也是极大的经济动力。当代生产力很大程度上是民主的结果和它所包含的思想自由，如果民主制度遭受破坏，紧接着人民的物质福利就会遭到破坏。经济计划应该通过公共机构促进民主，促进生产，否则我们就无法承受"。常平仓计划和民主是相通的，并且扩大了民主的范围，不会造成专断。独裁国家根本没有经济计划，相反经济计划在民主国家倒是最基本制度。而独裁的实质是通过限制言论、新闻检查、让科学和学术为政治服务、摧毁国民大会和政党的独立性、大权独揽等。再者，独裁制度具有侵略性，它的"核心是用政治集权代替分权"。

华莱士常平仓计划思想旗帜鲜明。常平仓这类经济计划是民主的创造者，不是破坏者。如果美国要战胜萧条，只有选择民主方式，建立常平仓制度。对于有人指责《农业调整法》没有带来民主和丰裕，却造成了短缺与管制，华莱士在 1938 年《农业部长报告》中认为，那只是少数人的看法。如果没有丰裕就没有真正的自由，没有自由也没有令人满意的丰裕。实质上，《农业调整法》各项措施都是为了减少农产品供给和价格波动，促进丰裕。"在长期内，与不加控制地使产量从高到低的剧烈波动相比，有控制的、稳定的产量意味着产量更大"。

二、"政治仓"与"商业仓"：波伊尔教授的观点

詹姆斯·波伊尔教授（James E. Boyle）和约瑟夫.戴维斯教授（Joseph S. Davis）为代表的一派反对试行常平仓计划。他们认为，国家干预经济生活，结果可能适得其反。

康乃尔大学农业经济学教授波伊尔在 1937 年 5 月 8 日的《星期六晚邮报》（*Saturday Evening Post*）发表了一篇长文《那个常平仓》（That Ever Normal Granary），强烈反对在美国实行常平仓计划。文章开门见山，"去年九月美国总统给农业部长写过一封信，说建立我国主要谷物常平仓的永久计划的时机已经到来。按照他的观点，这种谷仓可以用于把丰收年的过剩粮食在灾荒年使用。总统还认为，这项计划能做两件令人高兴的事情——在食物供应短缺时解决保护消费者问题，还能稳定价格。用英语简单地说就是，在保证消费者低价的同时，保证农场主的高价。可见，罗斯福支持常平仓制度建设，这是因为大旱之后造成农产品价格上涨，危害了城市生活，恰与前几年粮食过剩的形势相反。常平

仓能够保障农场主和消费者的利益都不受损害"。他又说："这个政府储备思想的渊源是华莱士部长，而他又得自模糊的古董。在过去的二十年里，在写农业论文时，不断地提到埃及的约瑟，他曾经把七个丰收年的小麦收存，然后在七个灾年放贷。华莱士先生还更大程度上从几个世纪后中国周朝的实践中更多地获得了建立公共仓库的灵感"。

美国常平仓计划不同于中国古代常平仓。在中国历史上，常平仓思想和制度的发展自有其过程，华莱士对常平仓的定义是，在出现粮食过剩的年景，一部分谷物会退出市场，储存起来。在谷物歉收的年景，库存农产品又可流出仓库，投放市场。进入市场的农产品只会起到补充粮食歉收的功能，同时农产品库存不会压低市场价格。当丰年出现过剩时，把过剩的农产品移出市场，则又会对市场形成支撑之势。另一方面，库存农产品在歉收年景流出仓库，会压低高企的粮食价格。

中国历史上的常平仓是不成功的。当代学者从那些人们都已经熟知的古代仓制中总结出了常平仓思想，埃及在3500年前，约瑟就曾与农民们讨价还价，灾年的农民在得到小麦救济的同时，付出代价，放弃土地成为佃农或自由民，他们从此失去了自己的土地。在中国周朝，仓制的功能发挥地更好。然而，在周以后的统治者手下，仓廪的作用则不甚健全。无论是埃及法老、还是中国古代官府，都是以常平仓为手段控制人民，是经济干预。

解决农业萧条需要更全面思考。1930年代，粮食过剩和灾荒是美国的两个问题，而华莱士提出常平仓制度建设，只是模模糊糊的想法，是"一个成型的计划的前奏"，这个计划可否被执行，需要做大量工作。为了向美国人民说明什么是常平仓、常平仓制度是否可行、实施常平仓计划是否真的必要，有必要对常平仓计划进行认真研究、争论，使人民清楚地认识到，华莱士建立的常平仓是"政治仓"还是"商业仓"，全国必须坦率地在"政治仓"和"商业仓"之间做出选择。"因为严格地说，我们已经有了商业形态的常平仓"。"……政治仓的主要任务是控制价格，正如我所说的，控制价格基本上是为了农场主的利益。所以，有理由认为，政府制定控制农产品价格时，如何行事是相当重要的"。

建立美国常平仓制度必须反对政治图谋，常平仓计划必然失败。大萧条时期，巴西、加拿大等国都制定了对本国农业保护政策，别国政府试图控制谷物价格的做法，完全是政府对经济的干预，是政治图谋。但是，商业常平仓政策目标，是把过剩粮食卖给消费者，为下一个季节的生产扫平道路。政治仓采取支持市场价格的措施，无视最终对农场主造成的灾难，是贪图方便和机会主义的政策。商业仓的问题实质，是寄希望于外科手术，其本身就造成农产品过剩；政治仓却寄希望于延长痛苦的到来。他用美国农场局进行小麦等谷物的仓储计划失败的事例支持自己的论调说，任何常平仓计划，无论是政治性的，还是商业性的，都注定要失败。对于美国农业部在爱荷华州的玉米贷款的成败，他认为当时是由于旱灾才使得"政府赌赢了"。

波伊尔教授的基本观点是，政府不应该干预经济运行。他判断说，自古以来，包括美国在内，政府总是借助于各种各样的名目干预经济运行，对于解决重大问题从来不采取公开而直接的方法，却习惯于迂回路线，还要贴上漂亮的标签，呼喊使人高兴的口号，借用不战而胜的概念等。而且由于压力集团的游说活动，将会有越来越多的农产品等物资被列入常平仓计划的实施范围之内，造成政府机构的恶性膨胀，使政府管不胜管。美国应该各国产量控制计划纷纷失败的经验教训。实施常平仓计划，把粮食过剩存入仓库，只是延迟了灾难的发生，就好比医生治病，医治病痛只能通过外科手术。

波伊尔教授并没有提出新见解。他认为，美国不能实施常平仓计划，就谷物本身来说，它只是商品，应该作为商品来对待，不应该作为管理对象。波伊尔教授之所以反对常平仓思想，是由于他认为自由放任对于美国经济更加有利，而他的思想已经落后于时代，因此他不可能提出解决萧条的办法。

三、常平仓"政治经济学"：戴维斯教授的观点

约瑟夫·戴维斯教授是斯坦福大学食品研究所教授，著名农业政策学家。对于美国农业常平仓计划，他是最坚决的反对者之一。长期以来，他在不同场合对常平仓提出激烈批评，他认为，最令他反对的政策是常平仓制度和联邦政府对农场主的补贴。虽然对常平仓思想的批判可能会冒犯华莱士，但他不在乎，因为他

本人不为任何利益集团服务,他只是"为了表明自己的正直,而甘冒风险"。

建立常平仓是经济问题的政治化。1938年,他专门写出了一篇长文,题为《常平仓经济学》(*The Economics of The Ever Normal Granary*),发表在权威的美国《农业经济学》杂志上,讨论了常平仓思想、对常平仓"原理"的看法、常平仓计划的实施等问题,他提出了常平仓"政治经济学"观点。

常平仓制度在美国不可行。因为以下原因,常平仓将归于失败。第一,实行常平仓计划的成本可能很大;第二,政府强制农场主执行自愿减产的规定和惩罚措施,其可靠性难以预料;第三、大量储备过剩粮食,尤其是玉米,存在技术难题;第四、财政因素制约,政府无法为常平仓计划收购粮食提供充足资金,出现支付困难。他说:"常平仓"是华莱士最中意的思想,在他进入罗斯福内阁前10~15年就见到过了这个名词,它来自于中国。由于这个光辉思想的加入,常平仓逐渐成为他的农业政策思想的核心因素。1934年的大旱灾促使他作为农业部长,不断向农场主和公众提出常平仓计划,以引起严肃讨论。不久他敦促毫无保留地把这个思想用于我们的农业政策。今年,部长"带着充分的说服力",充满信心地在"永久"的立法建议中,把常平仓作为"核心"加以贯彻。

戴维斯教授攻击的目标是常平仓思想的基本原则。华莱士认为,常平仓是一种特定制度,在此制度下,即使发生干旱或大灾,粮食供应也应足以满足消费者，同时，也能保证农场主在丰收年不致受到价格低落的惩罚。历史上常平仓制度历经演变，但基本内容已经固定下来，主要包括：第一，对于特定大宗农产品，由政府提供足够资金加以储藏；第二，在大宗农作物丰收时，向农场主提供商业贷款，以遏止价格的跌落趋势；第三，在特定情况下，比如遇到天灾时，抛售部分库存粮食；第四，根据情况制定"自愿"或自发的产量"控制"，以避免储存的粮食过多；第五，如果出现仓库粮食爆满，需运用粮食销售配额，以代替或补充限制粮食生产的措施。这是一项相互联系的粮食存储制度，核心是通过建立常平仓机制减少价格波动，并建立了限制谷物生产或者销售配额措施。因此，常平仓的真实意图是稳定农业经济。但是，常平仓是否可行，要受到"天气、商业行为、公众信念、国内外的公共政策，受到数以百万计的美国农场主个人和行政决定本身的无数因素的影响"。所以，"常平仓"是骗人的口号。

常平仓无法保护普通消费者。华莱士提出常平仓计划的制度背景是1933～1936年的大旱，当时华莱士提出了建立保护消费者的机制。华莱士在国会作证时说："由于1934和1936年的旱灾，消费者在没有保护的情况下遭到了沉重打击，本来这种保护可以通过常平仓实现"。"为了使农业生产稳定在一个基础上，为国家提供充足的食物保证，农场主们应该得到国民收入中的公平份额"。但是，华莱士的观点很难经得起分析，因为农场主并不会自动减少粮食生产，而且农业是否真正能够满足消费需要还很难说。从1934~1936年的实际情况看,对农业产量的控制并没有起到大的作用。同时,华莱士在1933年实行的玉米贷款计划成功了,但那是碰巧,是由于天气帮了忙。所以,埃及救荒和中国的常平仓对现代没有任何意义,美国当前建立常平仓没有必要。

实施常平仓计划,如何确定对农场主的贷款数额和利率不易。他说,如果贷款过于容易,会造成国内粮食增加过多。而且办理贷款和政府收储的成本太大。常平仓调节供求的作用有限,因为丰欠年成不是人为的,人们对此难以控制,如果灾荒年成连续过多,则造成供应量变动过大,难以保证供应。如果以调节粮食价格为手段干预农业生产,很可能会造成农场主为了经济利益,加大产量,这又会影响政策的执行。

稳定价格和稳定农产品供给是两个概念。理论上,稳定供应和稳定价格二者是可能的,对于稳定农产品供给,在农作物丰收后,无论下个收获季节直接限制面积或是间接限制销售以减少产量,发生歉收会由粮食储备补充。然而在实际生活中,丰收和歉收不会规律性交替,甚至自愿限制产量也不能控制生产,其他因素都可能影响聚集粮食和发放粮食。为了避免严重歉收风险,有可能连续两年或更长时间,每年的平均粮食周转量非常大。这样市场供应波动的百分比将会减少,但是成本将非常大。如果总供应量不断波动,未来粮食波动水平将更高。而且政府的价格干预措施会限制粮食出口,在大丰收年减少国内非重要行业吸纳一部分粮食。常平仓还会加剧每年的供给量波动。

控制粮食只能造成价格波动。无论法案以什么形式通过，"华莱士部长的思想一直是，只需要在常平仓'涨满'时才企求自愿限制销售和产量"，这是常平仓计划运做机制的步骤之一。他是说，华莱士尽管好心肠地要用常平仓解决粮食供应量波动，实际上却加剧了波动。所以政府不应干预经济本身的运行，这样才符合美国的最大利益，这才是他的思想的核心内容，即坚持自由放任。

实行常平仓计划会给农场主带来经济负担。只有那些私营仓储企业才愿执行常平仓计划，支持常平仓的人"需要很大平均周转量，以不断确保市场销售稳定的制度，只能是在这个制度下，商业价格才会远远低于种植者所认为的正常水平，如果他们公开承认的话，甚至公平价格达到超正常水平"。但是，无论怎样处理市场上的过剩粮食，都只是政府控制价格的措施而已。法律规定限制生产并不能掩盖这个事实。"只要法律和计划修改，仓库粮食流出之类的各种不确定性，都会增加市场上这类库存负担"。要保证低价，就要保持大量供应。"如果结果如此，幻想破灭的农场主只能或多或少地通过称为贷款的遮遮盖盖的补助、谷物调整补偿金等等，部分得到补偿；但是这意味着农场主的收入更依赖于他们的政治影响力，而非他们对社会的经济贡献"。华莱士"常平仓政治经济学"的本质在他的批判下暴露"真相"了。而这实际上只是他对农产品信贷公司提供给农场主的贷款的攻击。如果他的分析可靠，"对于稳定价格的主要贡献将通过限制价格先行"。然而价格波动的原因复杂,受国际市场价格波动的影响也很大。所以,控制价格除非在完全计划经济下才可能。而农场主收入的稳定和农产品价格稳定有关,如果农产品价格无法彻底稳定,农场主收入又如何稳定呢?

常平仓计划不会成功。无论政府真正意图如何,从长远看,实施常平仓制度对农产品生产和销售进行干预,可能会给纳税人和消费者带来经济损失。常平仓计划本身所承诺的目标必定失败,实际操作起来可能会成功,但更可能完全失败。总的看,消极影响大于积极影响,成本大于收益,所以,常平仓制度必将失败无疑。

美国农产品政策中没有常平仓计划的地位。后来,戴维斯教授在内华达大学召开的1937年美国"西部农业经济学会"年会上又指出,所谓"常平仓",无非是美国官方所指的产量控制的基本补充而已,很遗憾,它并非像提出这项建议者那样有效地构成,而且,常平仓也没有经过官方和民间的充分论证。我认为,大部分有关常平仓的争论都是站不住脚的,多数可能的优点也模糊不清,在不同形式下,常平仓的成本估计都是不足的。我深深地怀疑,对常平仓的可行性进行不偏不倚分析将会揭示,在美国农业政策中,常平仓并不具备的地位。

必须坚决抵制利益集团介入政治。常平仓只是政府干预经济的政治手段之一,这就是他所指出的是常平仓政治经济学。农贷资金的"政治影响"不容忽视,"作为一个民主的信奉者,看到这个危险,我才反对之"。这里他指出了美国资产阶级民主政治的弊病,即影响选民意志的并非只是竞选者的诱人辞藻,更大程度上可能是金钱。同时他又认为,常平仓思想与经济自由放任的传统格格不入,所以,失败不可避免。从经济理论方面,戴维斯教授考虑实行常平仓计划可能会给美国农场主带来经济负担,但是1930年代在美国实行常平仓计划不能说没有政治背景,或者说新政的实验性质也在此得到反映,这正是他忽略的。不过,正如戴维斯教授所言,尽管他的批评可能充满了破坏性,但是在制度建设阶段,使建设主体经受批判性检验是最具有建设性的行动。

四、社会工程师:伊奇吉尔的观点

支持常平仓计划的呼声不断高涨。华莱士部长的经济顾问莫迪凯·伊奇吉尔(Mordecai Ezekiel,1899~1974)反驳了戴维斯教授对常平仓思想的攻击。戴维斯教授提出,实行常平仓制度有不少困难,而这却正是建立常平仓要解决的问题。尤其是玉米常平仓,由于来自玉米的收入占美国农民整个收入的四分之一,其重要性绝对不可忽视。而戴维斯教授对于玉米常平仓的分析,基本上是仅仅以谷物或谷物价值为起点,这样就事论事,难免有失片面。通过严格计算,伊奇吉尔指出,"如果玉米常平仓能够有助于稳定猪肉供应,减少销售成本,就会给养猪户和消费者带来利益"。这正是华莱士提出的保护消费者原则的最好体现。

常平仓计划不存在管制农产品问题。《1933年农业调整法》

尽管没有很好地稳定农业价格，但是，它的主要目标是调整生产，"谷物贷款也没有经常使用，以执行严格的常平仓政策。控制养猪生产的困难导致开始研究如何减轻农民的负担，这是常平仓思想演变的一个步骤。通过玉米和猪肉价格的间接关系，把玉米常平仓计划应用于猪肉生产，而没有使用直接订购猪肉的合同干预形式，这样能够稳定牲畜生产和价格，较少表现出'管制'的倾向"。

美国必须进行社会改造，常平仓计划就是其中的一项措施。尽管美国还没有"社会工程学派"，但是，华莱士等人重视参与政治生活，所从事的工作本身就意味着他们的"社会工程师"职能，他们正在帮助制定美国未来经济制度的模式。社会工程师的工作完全不同于经济学家，"社会工程师不可能平静地支持分歧，自己不可能在支持和反对言辞中找均衡，经济学家却在教室中这样做"。所以，一些人专门挑选了"政治经济学"词汇指责华莱士有失公允。"如果社会工程师只注重动听的经济评价，他就不会只把自己看到的急需要做的事情用来影响选民和立法当局"。

常平仓计划必定会成功。关于进口与储备谷物的相对成本，歉年进口粮食，成本固然低于丰收时储备以应急需，但是，当今社会工程师的任务还要求他运用"政治经济学"理论改造社会。"社会工程师不仅要面对价格和生产，而且要面对选民和议员，他们必须有清醒的头脑，确认自己经济建议的正确性并切实可行；他还必须要有一颗热心肠，提出建议并且保证得到支持，而且能够付诸实施"。伊奇吉尔不但从经济学分析的角度，驳斥对常平仓思想的攻击，而且站在更高立场上指出，解决农业萧条不能仅仅考虑经济成本，从政治上看，建立美国农业常平仓制度是必然措施，一定能够成功。

五、格林汉姆的"现代常平仓"：证券分析之父格林汉姆的世界经济稳定思想

当时，还出现了更高层面的常平仓思想，这个思想同样根据中国古代常平仓制度，以资本主义现代财政金融制度为基础，设计了所谓"现代常平仓"，以期稳定世界经济。这就是美国金融家本杰明·格林汉姆（Benjamin Graham, 1894~1976）《储备与稳定：现代常平仓》（Storage and Stability: A Modern Ever-normal Granary）的思想主旨。

常平仓是中国思想。关于常平仓，"简要地说，就是把大丰收年的粮食储备用于灾年的消费"，现在，这个思想一夜之间成了美国农业政策的核心，罗斯福政府将通过农业立法建立常平仓，为美国消费者建立安全保障。任何经济政策都没有把丰年的过剩用于灾年使用的思想更为久长，这一思想简单而明了。古代美洲和中国在这方面都有悠久历史以为证明。古代先例已成为当代常平仓制度的典范，华莱士的常平仓计划，不但保证了农产品正常供应，而且已经用于救济农业饥荒。

常平仓可以改善国民经济，但仍需完善。作为行之有效的农业稳定制度，常平仓既保护美国农场主，又保护消费者，得到华莱士积极支持。1937年前后提交美国国会讨论的《农业调整法》

有不少草案版本，如弗兰纳甘法案（Flannagan bill）和波普-麦克吉尔法案（Pope-McGill bill）等。格林汉姆对此分析了其中解决美国农业、财政金融、货币问题的计划，如费舍尔计划（Fisher plan）、斯特罗伊《联邦储备法》修正案（Story amendment）、辛德尔计划（Synder plan）等，这些计划都不完整，而华莱士的计划才是具有远见和价值的。《农业调整法》草案没有真正体现现代常平仓思想，尚存在四点不足之处，第一，没有考虑价格与收入的平价关系，第二，没有考虑商业周期问题，第三，没有考虑天气问题，第四，没有考虑出口过剩农产品问题。所以，解决美国农产品过剩，必须更新观念，运用不同办法。而无论是常平仓计划的赞成派还是反对派，他们的基本观点并不矛盾，只是侧重点不同而已。

《农业调整法》并不能保证建成华莱士式农业常平仓制度。"新的立法能够建立满意的常平仓或者储备吗？答案是不情愿的，'不能'"。法案提出要建立农产品常平仓，但是立法却没有为常平仓提供建设依据。尽管制度草案规定，一旦出现农产品过剩，就限制产量，但是，如何鼓励生产、或者建立农产品储备却缺少相应规定。而且，立法也只是个别提及建立常平仓，思想十分模糊，似乎只能得出"农业部长实际上是要通过供应储备的方式'建立'常平仓"。但是各种法案中却又难以发现这一政策意图。也就是说，华莱士建立常平仓制度的设想是好的，但是缺乏必要的设计。因此，华莱士所谓的建立常平仓，实际上只是一种愿望。

建立保护屏障才是常平仓计划的目标。当前，解决农产品过剩，只有把粮食储存起来，但是粮食储备并非只是生产与消费的中间环节，也不是把多余的农产品暂时或应急性退出市场。要避免价格波动，粮食退出流通后，对当前或今后的价格都不应有影响。这部分粮食储备就应该"象是被销毁了或压根儿就没有形成产量一样"，这才是常平仓的实质，目的是建立保护屏障，抵御干旱和水灾以及其他不利形势，包括战争，中国常平仓的本质作用在于此处。但是从《农业调整法》中常平仓计划看，这个功能只是部分存在，例如，对农产品价格的调节幅度只有10%，因而不能解决根本问题。

必须探索以基本商品储备为核心要素"稳定和改善我们的国民经济"的可能性。格林汉姆认为，大萧条是由两个因素造成的，即生产过剩和财政金融、信用制度缺陷，而储备思想却是独一无二的，储备恰好"处于两种困难的交点上"，通过"储备"就能"把二者结合起来，也为两者提供解决的办法"。

要通过建立"现代常平仓"制度，解决金融大萧条问题。在金融领域，基本商品储备是支撑可靠而充足通货的手段。一战以来，金银本位和纸币制度遭受严峻考验，而以基本物资储备为基础的通货制度，具有比金本位和不兑换纸币都优越的特点。储备制度不仅能够解决美国货币制度的基本问题，还能实现供求均衡，在储备制度实际运做过程中，其本身还具备自我融资、自我清算功能。以基本商品做准备发行通货，以前就有成功例子可资借鉴，一些金融家建议，用基本商品作准备发行美国通货。美国"现代常平仓"制度是以一组基础商品为准备的过剩储藏计划（The Reservoir plan），以这些过剩基础商品作准备，发行一种流通货币形态的价值符号，也就建立了"现代常平仓"制度。他认为，这样就能克服用单一商品作准备，如黄金储备的货币制度的缺陷。

"现代常平仓"制度具有良好的稳定经济功能。把商品储备作为国民经济均衡发展的前提；把基本商品储备作为建立坚实的货币体系的基础；以一组商品或这些商品的组合为手段，充分体现存储制度的优点，这就是格林汉姆"现代常平仓"。（一）一般情况下，当基本商品供给过剩时，由国家收购和储存。而在市场需求增加时，这些商品随时可以投放市场；（二）收购和储存商品的种类应当切实可以操作，应当尽量包括较多重要商品（如商品交易所交易种类内）；（三）相对收购及储备商品数量与一定时期内生产和消费量比例一致；（四）每一单位收购商品的货币价值与每一美圆的购买力固定于同一水平，建议以1921~1930年的平均水平为准。在过剩商品储备制度建立后，美国经济将会运行自如，避免波动，达到稳定的目标。首先，这项制度不会影响现有市场和商业结构，商品常平仓中的商品储备进出自如；其次，一旦建立了这项制度，国家在紧急状态下的商品急需得到缓解、保证今后社会生活安定，还是"我国社会安全保障储备基金最合理的投资"，以及最有利地债务清算手段；三，推进了建立美圆不变购买力制度；第四，商品储备制度能完善目前美国并不完善的货币制度,所发行的商品货币以基本储备商品为基础,并随时可以兑换成为基本商品。具体讲,"一旦生产过度,要求增加购买力,这种货币的发行量即增加;反之,当出现过度消费或投机现象,要求减少社会购买力,货币的发行量即相应减少"。

"现代常平仓"制度对国民经济稳定有重要意义。商品储备制度可以稳定价格水平,而稳定了价格就能稳定商业,在原料生产领域更是如此,因为价格结构主要受基本品价格变动的影响,因此,最有效的价格政策,是在长期内控制基本原料的价格稳定,从而保证加工产品价格稳定下降,提高生产效率。随着基本原料价格的稳定,个别商品价格波动会趋于正常,国民经济体系的运行也将趋于正常。

美国"现代常平仓"制度前景乐观。通过建立常平仓,现代思想借古老的制度得以实现,古老的制度本身也得到复活,从而解决困扰人们的难题。客观地说,提出常平仓思想用于解决美国当代农业问题是华莱士的最大功绩,但是,对于用常平仓思想构筑坚实的经济制度基础,解决经济周期问题,稳定经济发展,格林汉姆的认识更加全面,一旦"现代常平仓"构想使古老的常平仓思想变成具体制度,在更大范围内实施就成为可能,这样就把泛泛的理论之争提高到制度建设层面,其价值不容忽视。

六、论战高潮:比恩博士和波伊尔教授的交锋

1937年3月5日星期五傍晚,在美国纽约中央公园饭店农产品俱乐部,由比恩博士为美国政府代表、波伊尔教授为学界代表,分别作为支持和反对常平仓计划的双方,进行了一场辩论会,辩题就是"常平仓"。辩论由安德森总裁(Hilding Anderson)任主席。参加这场论战的还有主持人里维埃(C. T. Revere)以及来自商界的代表格林汉姆(Graham)、琼斯(Jones)、蒙兹(Munds)、佩里·莫尔(Perry Moore)、乔治·斯拉特(George Slater 以及哈巴德(Samuel Hubbard)和德米多夫(Demidov)等多人。

图10 1937年5月1日纽约《星期六晚邮报》报道了中央广场常平仓论战

(资料来源:http://www.coverbrowser.com/covers/saturday-evening-post/16)

美国的常平仓计划思想起源于中国古代。辩论会开始,比恩博士首先对常平仓思想起源和本质做了说明,并回答了常平仓计划将给美国经济带来影响等问题。关于常平仓思想,除了中国,没有第二个渊源,常平仓"这个特定的思想词汇是从完全不同的地方来的。它的渊源在中国,由于我们要追溯思想史,我可能还得向你们指出它的演变过程中的两三个步骤"。所谓"完全不同",是指与古代的印第安人进行食物储藏、约瑟的埃及救荒、美国农场局试图维持农产品价格的做法相比,华莱士部长的常平仓思想来源完全不同。在美国,常平仓思想的传播途径,是陈焕章博士论文率先介绍到美国的,当时还是学生的华莱士,在1910年代读到这本书后,常平仓"思想明显对这个学生的思想产生了很深的影响",显而易见的是,在1916~1919年《华莱士农民》杂志上,读者经常读到有关常平仓的文章。1933年华莱士任农业部长之后,提出在美国实行常平仓制度的建议。

华莱士的常平仓思想非常明确、简单而有效。美国常平仓计划将稳定供应和价格,实际上就是稳定农业经济,保护农场主、保护消费者。比恩博士手拿《华莱士农民》杂志(Wallace's Farmer and Iowa Homestead)的社论,向与会者解释了实行玉米常平仓时的5个具体步骤:首先,当粮食储备下降时,农场主就通过实施水土保持计划加大粮食种植,放松玉米的播种面积。其次,当粮食储备数量上升,需要对常平仓管理时,仍旧通过水土保持计划和共同协商的播种面积限制贷款计划,维持适当的粮食储备。第三,如果气候条件良好,获得丰收,下一季就需要通过上述措施削减产量,主要包括:水土保持计划、玉米贷款、缩减种植面积的其他附加优惠政策。这第三项措施和步骤,完全能够实现对于国内需求的控制,还能满足建立正常的粮食库存。这样就可以讲一讲第四个步骤了。一旦实现了正常的粮食供给标准，就可以按照水土保持计划的规定稳定种植面积、停止缩减种植计划，并停止其他鼓励政策。第五，一切又重新开始，即当大旱来临，粮食储备下降过大，重新实施水土保持计划，扩大种植面积、放松玉米种植面积控制。比恩说，这五个形象化的步骤，就是常平仓定义中的内容，美国的农产品政策就是这样实施的。

实行玉米常平仓还只处于实验阶段。未来将在美国农业推广常平仓制度，玉米带生产的稳定很大程度上会直接稳定美国经济，通过玉米贷款计划，能够取得较大成效。实行常平仓制度的目的就是，"致力于稳定、增加生产、生产与国内需求和我们足以满足的国外需求同步"。实行常平仓制度，"我希望我们能够促进经济稳定和经济保障这个主要目的，并不是要引起像你们这些实业家们的恐慌"。美国的经验已经引起其他国家的注意，尤其是中国，还派了官员来美国学期建设农产品常平仓的经验，充分证明了常平仓制度的伟大价值。

但是反对者指责，实行常平仓制度是对美国农业形势的错判。波伊尔教授认为，首先，粮食过剩并不会造成农业萧条，第二，华莱士要平衡农业生产，美其名曰调整，实际是破坏农作物，把"丑恶的东西贴上漂亮的标签是得逞的政客们的秘密"。他充满敌意地说，《农业调整法》和常平仓制度破坏了农业生产，农业部既没有因地制宜调整政策，又不按比较优势安排作物种植，不但造成了美国各地区间的利益冲突,也造成了区域农业生产的失衡,更为严重的是,由于政策规定要调整产量,造成美国农产品产量下降,导致他国相应农产品产量的大幅度增加,占据了世界市场更多份额。从这个意义上看,我们实行常平仓计划,只不过是在国家之间造成了失衡。

常平仓的实质就是政治仓。虽然说制定农业计划是农业部的事,但是,决定这些计划执行的却是华盛顿的政客们,比如,花生生产计划是由一位农业税收专家制定的,然后,花生计划就被呈递给他的上司、一位谷物专家,而谷物专家则把它呈递给更上一级,他的上级却是小麦专家,最后才被递交华莱士部长、一位玉米和养猪专家,可见,花生生产计划是由他决定是否批准。决策过程并非专家操作,这就是事实。因此,常平仓的政治意图昭然若揭,也就是他所说的政治常平仓,或者政治仓。农业调整计划并非只从经济角度出发,而完全是政治性的。

美国常平仓的经验对中国没有意义。对于中国当时向美国农业部提出在中国恢复常平仓制度,博伊尔教授表示怀疑。美国建设了密集的运输网,实际上用不着实行常平仓计划,而中国的情形恰恰相反,中国古代常平仓制度曾被多次废止,那是由于政府效率太低,"如果他们能够搞好运输,就不会有很多的灾荒,这才是他们的问题,并非常平仓的问题。他们只能从其他地方得到坏建议,我为他们来我国取经而难过"。古代常平仓的目的是救灾、防灾，但是，美国常平仓制度则会带来灾难，因为，实行常平仓"将会妨碍正常的贸易"。所以，"常平仓只能造成灾荒，更加造成价格剧烈波动，延误问题的处理，至于防灾效果，只要具备自由流通制度、良好的运输体系和储备制度就行了，这要有自由企业制度做后盾"。

无数历史资料都将证明，美国常平仓制度必将失败。博伊尔教授长期追踪常平仓制度发展，这次辩论会上，他拿出了他多年研究的心血，以求彻底征服听众。"我认为，时下我有关于美国谷物贸易的、最多的个人资料收藏。法国和德国都有大量的文献"。德国普鲁士档案馆有关德国仓库政策的文献指出，1740～1756年在斐特烈大帝统治下，由于实行粮食储备政策，频繁造成饥荒。在英国詹姆斯一世统治下，巫术盛行，他曾经试图建立遍布全国的常平仓体系，但国会争论长达两年使计划成了泡影，而英国也因此而避免了饥荒的降临。同样在法国的里昂、纽伦堡，历史上也都有建设常平仓的失败经历。而在美国当代，胡佛农场局的失败正式常平仓制度的一大败笔。美国农业部不要试图干预农业经济的正常运行。

农产品加工企业关心的问题，主要是他们"在这个计划中是否会被消灭，而且，如果不被消灭的话，在多大程度上能够发挥作用"。当然，也有人提出，实行这个计划后，美国是否会走向国家社会主义，比恩博士说："如果太阳明天不再升起，一切将会是黑暗的"。

对于重大的制度重建或者思想革命，若不存在争论是不正常的，因为"外来文化进入另一种文化，……大致上是差异越大，抵拒性就越强，但造成的适应，也往往最具有创造性"。尽管历史已经远去，我们现在已经无法重现当时的激烈争论场面，然而通过代表性文献的回顾，我们还是能够看到这场制度建设的争论在当时是多么激烈，同时看到中国古代智慧在多大程度上重新启发了当代的思想家们，为了使其在当代复活，他们各自使出浑身的解数，各述己见，为的是彻底解决困扰人们的、主要由于天气等因素的影响给人民带来的粮食灾难。

第四节 埃及史上有常平仓吗

华莱士常平仓思想是和《圣经》密不可分。他曾经指出，约瑟和中国儒家一样，都运用了常平仓政策，解决农产品波动。后来，有些历史学家也不断以此为证据，提出了常平仓来源的"《圣经》说"，但是这种说法值得推敲。

一、关于《圣经》

《圣经》(*The Bible*),犹太教和基督教的圣籍。人类历史上最有影响的文集之一。《圣经》一般分为《新约全书》(*New Testament*)和《旧约全书》(*Old Testament*)。《新约全书》是《圣经》两大部分中成书较晚而容量较小的部分。犹太教《圣经》主要用希伯来文写成,少数几段是阿拉伯文。根据基督教义,《旧约》体现上帝的诺言,《新约》则是诺言的实践,传达上帝与基督徒之间的誓约,并阐述其意义。《新约全书》多数篇章是用希腊文撰写或记录的,其余为阿拉米文。只有基督教(包括天主教、东正教和新教)以《新约》为正典,《旧约全书》亦称《希伯来圣经》,是基督教和犹太教的正典经书。《旧约全书》认为,人的生命和宇宙都是上帝所创造,这种深湛的神学是这两种宗教教义的核心实质。《旧约全书》的前五部分,包括创世、出埃及记、利未记、民数记和申命记被认为是先知摩西所编定,后来成为摩西法,又称《律法书》(*Sefer Torah*),大约在公元前9~公元前8世纪,才以文字形式将以往的传说记载下来。学者大都认为,我国西周(前1027~前771年)以前的经济思想,虽多系公元前五个世纪的思想家们、根据古代传说所记载的史料,未必可信,但似较古希伯来和印度同期史料的可信程度要高。

二、约瑟的埃及救荒

《旧约·创世记》37.1~45.28节记述了约瑟(Joseph)及其

兄弟的事迹。根据《圣经》年代表解，约瑟生活在公元前1800年左右。他是以色列人祖先雅各（Jacob）及其妻拉结（Rachel）之子。约瑟受雅各偏爱而为众兄弟所嫉妒，他们暗地里把约瑟卖给以实玛利人（又称米甸人），以实玛利人把他带往埃及。约瑟因善于解梦而得到埃及法老王的宠爱身为高官。他的兄弟为饥荒所迫到埃及购粮与他会见，雅各被迎接到埃及的歌珊，全家定居在该地。在"创世记"41~43章，记载了约瑟在埃及发生灾荒后救荒的事迹，

过了两年，法老做梦，梦见自己站在河边，有七只母牛从河里走来，又美好又肥壮，在芦荻中吃草。随后又有七只母牛从河里上来，又丑陋又干瘦，与那七只母牛一同站在河边。这又丑陋又干瘦的七只母牛吃尽了那又美好又肥壮的七只母牛。法老就醒了。他又睡着了，第二回做梦，梦见一棵麦子长了七个穗子，又肥大又佳美。随后又长了七个穗子，又细弱又被东风吹焦了。这细弱的穗子吞了那七个又肥大又饱满的穗子。法老醒了，不料是个梦。

法老让约瑟给他解梦。约瑟说，七只好牛和七个好穗、七只丑牛和七个干穗分别是七个丰收年和七个大荒年。神要法老在丰收时，把埃及的"一切的粮食聚敛起来，积蓄五谷，收存在城里做食物"，以防备将要到来的七个灾荒年。后来约瑟果然遇到了七个丰收年和七个灾荒年，由于聚敛了埃及"七个丰收年的一切粮食，把粮食积存在各城里；各城周围田地的粮食都积存在本城

里",后来,尽管"各地都有饥荒,惟独埃及全地有粮食","约瑟开了各地的仓,粜粮给埃及人",解决了埃及的饥荒。

《圣经》关于粮仓和救荒的记载无非如此。约瑟救荒无疑不能作为常平仓思想来理解,因为,常平仓是一项长期的经济制度安排,基本职能是把丰年的过剩粮食存储起来,以备灾年使用,起到平抑粮价、保护消费者、保护农民和农业生产的作用。而且在操作上,常平仓在存储粮食时,通过略高于丰收年较低的价格收储,灾年放储时,常平仓却又用低于当时的高价。而约瑟在埃及救荒,全无任何关于常平仓的联系。如果说到救荒,中国远自先秦的丰富的救荒思想和实践,包括制度建设,都是约瑟的埃及放粮之举所无法比拟的。华莱士指出:"约瑟的做法并不完全证明是给埃及农民的天赐之物,因为那是写在创世纪47章中14,16,20和21节的,在需要的时候,约瑟代表法老,首先拿走了所有农民的钱币,其次,拿走了所有的牛羊,第三,拿走了所有的土地,然后把农民列入了城市救济的名单"。他接着又说:"在实行约瑟的做法时,我们应切记古代埃及和现代的美国有一定的差别"。可见华莱士认为,美国的常平仓与约瑟救荒不是一个事物,即解决农业生产的过剩问题决不只是救荒,而且,实施常平仓计划,也不会以农民的土地等财产作抵押,让农民沦为国家的佃户,也就是华莱士不会采用约瑟的做法,所以华莱士的常平仓和约瑟救荒本质上没有任何相通之处。因为人类社会从公有制的原始社会过渡到私有制的奴隶社会和封建社会,生产的过剩是必须的条件,对过剩的占有标志着私有制的出现。约瑟在埃及灾荒中的所作所为,无非是为了证明他代表法老奴役埃及人的合法性和他占有人们私有财产的合法性。从理论上看,约瑟的救荒和常平仓计划的手段和目的都是不同的,尽管华莱士可以借鉴约瑟的做法,但并没有任何证据说明约瑟曾经实行过常平仓。另外,由于西方文化传统,一般在华莱士讲话中,多提到约瑟,实际上这是他借助《圣经》宣传常平仓思想,华莱士传记作家也大多承认,他的常平仓思想来自于中国。

三、华莱士的常平仓思想根源于中国

中国常平仓成熟的制度才是华莱士借鉴的真正对象。把过剩储藏起来的做法,可以追溯到动物界是一种本能。我国人民在古代的农业活动中,很早就开始把这种做法用于救荒,政府以这个思想为基础,在国家管理中加以采用,起到了稳定社会的作用;而在西方,相信过剩储备的思想一定会有,但关键是对于过剩的处理,是否曾经较早也出现对此有意识地加以利用的思想。在出现过剩时,我们看到的,要么是放任自流,要么是美国人对于生产的控制,试图通过控制产量,达到保持价格的稳定。这是由于西方人在基督教新教革命后的观念发生了变化,人的"天职"是为了上帝,即为上帝劳作是人的天职,为的是来世成为上帝的选民,用韦伯(Max Weber,1864~1920)的话来说,就是"以劳动为自身目的和视劳动为天职的观念","对资本主义来说是必不

可少的"。《圣经》中约瑟的做法看不出任何类似我国常平仓"谷贱时增价而籴，贵时减价而粜"，既保证不出现"谷贱伤农"，又避免"谷贵伤民"的基本功能，而且从唯物主义观点看，我国古代的常平仓思想是一套历经各个朝代，已经非常成熟的制度，还有比较健全的理论体系，这才是华莱士建立美国常平仓所参照的范例。

鲍莫尔（Randall Balmer）指出，理解美国制度和历史就要理解美国宗教与社会的结合。"从一开始，在美国人中就存在着一种足以构成民族文化的同一性"，从对肯尼迪之前34位美国前总统调查显示，所有人都声称自己是基督徒，并都与美国历史上新教中某一派有关。所以说《圣经》对华莱士没有影响是不现实的，因为他毕竟是在基督教文化中熏染出来的资产阶级思想家。事实上，华莱士本人笃信宗教终其一生，他年轻时起就试图在宗教教义中找出人生的方向，他的祖父是一个坚定的基督徒，而他的祖父对他影响恰恰是最大的；他对多种西方宗教派别都做过探索，而且东方的宗教和哲学也曾使他非常着迷，对于常平仓思想的研究不能认为和他对人生终极目的的寻求无关，或者说正是在对东方宗教，包括对儒家思想的研究中，他发现了中国古代常平仓思想在解决农产品过剩中的巨大作用。而他能够有机会领导制定美国新政农业立法，也决不至于以一个农业科学家和农业部长的身份，把传说中的东西视为法宝，用做制定法律的思想根据，因此常平仓思想的渊源不言而喻。

我国古代文明的成熟是非常早的，而这个文明主要是农业文明。仓廪制度是我国封建经济独特的财政制度，中世纪欧洲封建制的代表是确立在 8~9 世纪的法兰克王国，当时除了教会征收什一税外，没有统一的国家税收，不需要类似我国的仓廪体系。而且由于其他欧亚大国，如古代埃及、印度、阿拉伯帝国等文明古国的国情也不同于中国，"庞大的国家仓廪系统的存在，可能是中国封建社会独有的现象"。所以我们认为，常平仓是中国特有的经济制度。

从语源学上考察，Granary（谷仓）是从 grain（谷物）变来的。它的印欧词根是 ger-，意思可能是"成熟"之意；拉丁文中的形式是 granum，复数形式是 garanda，阴性；在古法语中成为 grein（一粒种子），grainne 是总称（种子）；中古英语采用了 greyne 形式；在当代成为 grain。"盛放 garanda 的地方"在西班牙语中写作 granadilla（谷仓），是由拉丁文 granatus（盛放种子）变来；其语源仍是 granum。世界农业史研究指出，在中国，公元前 5000 年已经种粟，前 4000 年已种稻，前 1300 年已种小麦。中国的中部、西部是世界上农业的发源地之一。公元前 4000 年墨西哥才开始种稷。所以，中国的作物栽培在世界农业史上是领先的，对于过剩粮食的储藏也一定早于西方，也就是中国的仓廪系统出现必然早于西方国家。所以说，古代健全的仓廪体制可能是我国所独有的，因为欧洲典型的封建国家，如法兰克王国根本不需要类似我国封建时代的国家财政。沈文辅曾说："常平制，传入欧陆既久，即圣经上已有之传说"。他的说法从何而来并不重要，但是他的基本意思是，如果古代欧洲真有常平仓制度的话，那也只能是中华文化的传播。

关于中文"常平仓"的译法。陈焕章博士论文用了"the Constantly Normal Granary"，而华莱士却用了"the Ever Normal Granary"，二者稍有差别。但是，实际上，这两个名词没有什么不同，只不过前者不如后者更美国化罢了，实质是一回事，有时华莱士也用"the Constantly Normal Granary"，甚至"the Constantly Ever-Normal Granary"定义常平仓制度，如他在1944年4月28日的日记中就是这样用的。施莱辛格曾说，华莱士"对于利用他所谓从孔子那里借来的常平仓（先是Constantly Normal Granary，后改为Ever-NormalGranary），消除农业过剩非常关心"。施莱辛格用词要比比恩博士准确，原因可能是前者是历史学家，而后者只是数量经济学家，比恩博士对历史名词的把握可能不如施莱辛格准确。美国农业史学家萨罗托斯这样说："以创建Constantly Normal Granary计划而闻名的孔子和他的追随者的工程"。不论是"the Constantly Normal Granary"或者是"the Ever Normal Granary"，都是1910~1930年代及其后才见于美国的相关文献中，它本身并非英语的固有名称。就是说。在西方没有"the Ever Normal Granary"（常平仓），它只能来自东方，来自中国。所以，当法国和其他欧洲国家18世纪开始关注粮食处理问题时，他们没有到别的地方去取经，而是首先想到中国，指示在华传教士了解中国人

149

是如何做的。假如欧洲有常平仓制度的话，自然就不会有这段佳话了。另外，胡寄窗教授在总结政治经济学前史中指出，中国的常平仓思想非常独特，在西方经济思想史中是罕见的创举。

总之，不论是从思想渊源上探讨，或是从制度本身分析，我们看到，常平仓起源于中国古代农业文明。1930年代，美国常平仓制度直接导源于陈焕章，是他把中国古代经济思想，主要是儒家经济思想系统介绍到美国，之后成为当代常平仓制度的滥觞。而对于华莱士有关《圣经》与约瑟，只是证明丰年进行粮食储备的思想，在西方历史上也有先例，如此而已。

第三章

大萧条中美国常平仓制度的诞生

第三章　大萧条中美国常平仓制度的诞生

1929年10月，纽约证券交易所股市崩溃拉开了长达10年的美国经济大萧条，1931年后世界经济全面步入萧条，直到1939年第二次世界大战爆发，资本主义世界才逐步恢复经济景气。为了解决大萧条，新政农业政策以建立常平仓为目标，通过稳定农业，奠定了解决经济萧条的基础。而大萧条前，联邦政府为解决农业危机作了长期努力，但由于采取了自由放任哲学，坚持"刚毅的个人主义"，各种办法无所作为，最终导致新政农业政策的出台。

第一节　农业大萧条与美国农业政策

美国粮食产量对世界粮食价格起着决定性作用。迄今为止，美国仍然是世界上最大粮食生产国，也是世界最大粮食出口国。

19~20世纪之交，由于世界农产品需求膨胀，导致美国农业投资大量增加，土地大量开垦，随着机械化程度提高，育种技术发展，产量大幅度提高，美国农业越来越直接依赖世界市场，尤其是依赖欧洲市场，第一次世界大战刺激了美国农业投资和发展，为战后农业萧条埋下了祸根。大萧条主要由农业萧条引发的观点并不过分。

一、美国农业经济与农业文化

农业在美国经济中的重要性很大。农业产生一万多年来，它的基础功能并没有改变，在人类社会发展过程中起着基础与主导双重功能。首先农业是不可替代的，它是人类社会唯一生产食品的源头部门，没有农业提供粮食及其可供食用的生物产品，生命体会受到严重威胁；同时农业还起到缓冲器作用；农业的稳定作用也是显然的，有人预计，发展中国家粮食进口量如果提高25~30个百分点，国际市场将增加3500~4200万吨需求压力，足以引起世界性粮食恐慌；而减少相同数量粮食进口时，世界市场粮价格会大幅下跌，严重挫伤粮食出口国生产积极性；农业还有其安全功能。美国农业更是这样，如果当代美国还有比较优势的话，这就是农产品。美国农业部门包括众多组成部分，如小型家庭农场、大型商业机构、信贷和一些供给部门、销售加工企业、运输网络、批发机构、饭店和食品与纤维零售商店等。现在美国农业提供国民产量的2%，并雇佣劳动力的3%。这一数据看起来不十分引人注目，然而农业间接使其他行业就业增加，如制造业、加工工业、批发销售业和零售贸易等。总之，美国农业解决了约21%的就业，为GNP增长提供了18%的份额。舒尔茨（Theodore

W. Schultz，1902~1998)曾经指出："农业曾经是并将继续是美国经济增长的重要源泉"，农业的基础地位在近期内不可能有什么改变。美国本土划分为西部、中北部、南部和东北部4个区域。按照农业统计，中北部、西部和南部是美国重要的农业区。按照土壤类型、地势高低、气候类型、离市场远近等因素，美国又划分为10个农业产区：玉米带是美国最重要的农业区。东北区、大湖区、阿巴拉契亚山区、东南区、三角洲区、玉米带、北部平原、南部平原、西部山区、太平洋区，其中，玉米带指位于中北部的爱荷华、密苏里、伊利诺斯、印第安那、俄亥俄等州，该区域土壤肥沃，气候非常适于玉米的生长。玉米为该区的主要作物，小麦、大豆和其他饲料作物种植面积也较大。养肉牛、奶牛和养猪业也很发达。参见表1。

表1 美国本土的四大地区农场经济结构

地区	农场面积	农场数量	农业产值	所属各州
西部	31%	13%	第1	华盛顿，俄勒冈、加里福尼亚、内华达、怀俄明、爱达荷、犹他、亚利桑那、科罗拉多、新墨西哥等
中北部	37%	40%	第3	北达科他、南达科他、内布拉斯加、堪萨斯、蒙大拿、爱荷华、密苏里、威斯康辛、伊利诺斯、密西根、印第安那、俄亥俄等
南部	30%	41%	第2	俄克拉荷马、德克萨斯、西弗吉尼亚、田那西、北卡罗来那、南卡罗来那、密西西比、亚拉巴马、乔治亚、佛罗里达等
东北部	2%	6%	第4	缅因、佛蒙特、新罕布什尔、纽约、马萨诸塞、辛辛那提、宾夕法尼亚、马里兰、新泽西等

(资料来源：Structure of U. S. Agriculture，http://www.usda.gov/news/pubs/fbook98/chart2.htm, 2012-07-30)

注："农场面积"含牧草和作物。

美国农业利益集团势力很大。从文化地域上，美国通常分为4个主要区域，东北部、南部、中西部（中北部）和西部。曾任大学校长的卢德科教授（Luther S. Luedtke）指出，从政治和社会的角度看，中西部以芝加哥为中心，保持着内陆人的那种独特观念。但从文化上来说，这里南北情况迥异，可再分为中部和北部两个地区。中部包括俄亥俄、印第安那、伊利诺斯等州的中部、爱荷华、内布拉斯加州的大部。北部包括密西根、俄亥俄、伊利诺斯、爱荷华等州的北侧以及威斯康辛、明尼苏达、南达科他、北达科他等州。这个区域受北欧文化、日尔曼文化、瑞典文化、荷兰文化和新英格兰文化影响最大。人们的政治态度是"道德说教式"的，政治是普遍关心的问题。人们认为，政治应该受制于观念和理想，完全不同于南部的职业政治，强调利益均衡。美国农工党和进步党诞生于这里。本地区的教育水平开始就很高，人们抱负远大，这个传统持续至今。而作为过渡区域的中部地区，受到东海岸三种传统文化的影响，其中大西洋中部文化的影响最大，南部和新英格兰地区也产生过影响。芝加哥、圣路易斯和堪萨斯城的文化对这里的大部分地区社会起着决定性的作用。这是一个地道的具有美国特色的地区，新闻界称之为"心脏地区"。这里新教各个教派的教区，如卫理公会教、长老会、北方浸礼会或上帝教等分布有致，他们实质上支配着一切宗教团体。实际上，美国政治与地域及宗教团体势力的强弱有很大关系，而利益集团更是支配着美国政治。例如在美国东部和南部，大企业家阶级的统治根深蒂固，国会中势力较大；而美国中西部属于农业传统地区，农业利益集团的势力范围在这里，在国会中农业利益集团势力也很大，代表农业州利益的国会议员，也往往经常提出代表农场主和农业利益集团的法案，并推动通过。

二、美国农产品经济：主要以玉米带为例

玉米生产在美国农业经济中举足轻重。美国主要农作物种类较多，按种植面积排序，有玉米、小麦、大豆、棉花、水稻、花生、各类水果和蔬菜等。玉米为美国第一大作物，除东北部几个州外，几乎大多数州都种植玉米，据美国农业部统计，目前有41个州种植玉米。主要产区集中在"玉米带"（Corn Belt），玉米带是俗称，范围大致包括印第安那州西部、伊利诺斯、爱荷华、密苏里、内布拉斯加州东部、堪萨斯州东部。地势较平，土层深厚，土壤肥沃。生长季节气候高温多雨，适于种植玉米。玉米带农作物以玉米和大豆为主，也经营其他各种农业和畜牧业。美国农业的知名度很大程度上是由于玉米带带来的，玉米带集中着美国70%的玉米产量，占世界玉米产量的1/3。而世界玉米产量的45%和出口量的70%集中在美国。全美玉米种植面积约3200万公顷，总产量2727亿公斤，产值达227亿美元左右。爱荷华州玉米种植面积最大，伊利诺斯州种植面积占全国第2，内布拉斯加州居第3，其次还有印第安那州、俄亥俄州和明尼苏达州。

爱荷华州玉米生产很具有代表性。位于玉米带的爱荷华州别称"玉米州"（the Corn State）和"高高的玉米生长的土地"（Land Where the Tall Corn Grows）等。该州90%的面积是农场，该州养猪业、玉米、燕麦、大豆、牲畜和养肉牛业等位居全国的第1或第2位，有107000个农场，玉米产量达10亿浦式尔，大部分用做饲料。1952年，爱荷华成为美国第一个玉米产值超过10亿美元的州，而玉米过剩造成了农业价格跌落，常常给本州经济发展带来不利影响。华莱士家族和美国第31届总统胡佛出生或长期生活于爱荷华。新政时期，华莱士首先在爱荷华州进行常平仓玉米贷款，证明玉米带在美国农业地区所处的重要地位。实际上，美国农场主1/4收入来自玉米。

玉米带是一个动植物综合体。从农业生产观点来看，玉米带主要生产玉米、大豆、猪、羊以及一些副产品。传统玉米带可以追溯到美国中部的赛欧托河流域、迈阿密流域、沃巴什和桑加蒙河流域。其中赛欧托河流域可能是玉米带最早的核心地区。玉米带体系形成是长期进化的结果，殖民时期，沿海地区对玉米带初始特征的形成贡献很大。殖民地前期，美国农业结构是欧洲作物和印第安作物的混合体，欧洲种植方法失败后，引进了印第安作物和种植方法，这些作物中主要是玉米。在森林景观区，玉米很早就在作物中占主导地位，玉米受欢迎的原因之一是很多移民是从有种植玉米传统的地区来的。种植玉米稳产，收成可靠。而种植小麦则会受到锈菌伤害。

玉米带演化分成两个时期。第一时期持续到1850年，这个时期特点是，农业集中在森林地区和靠近林地的牧场，玉米带从这几个地区开始发展，在这种环境下生存所必须的技术构成海岸带农业文化的一部分。第二时期，农民扩散到大草原和偏远地区的牧场，这些牧场起初对农民起了很大限制作用，因为他们的技术是在森林地区学到的。随着生产发展，玉米种植量超过了当地居民的消费量，如何处置这些玉米成了最重要的问题，农业开始向商品化方向发展。正是由于玉米种植在美国农业中占有举足轻重的地位，所以历来深得政府有关部门重视。

玉米带是农业势力最大的地区。美国农业利益集团主要集中在中西部、西部和南部，其中的玉米带的农业利益集团最集中地区，爱荷华农场局联合会（IFBF）和全国性的美国农场局联合会（AFBF）势力很大，后者是美国最大的农业利益集团，积极支持新政农业政策。

三、20世纪20年代的美国农业萧条

20世纪美国农业发生了第二次"农业革命"。前美国参议员麦戈文认为，"农业革命"主要有以下几个原因，农业机械化的实现使拖拉机取代畜力，成为农业的主要动力，导致农业劳动生产效率提高；科技农业的出现，极大地提高了生产力；现代商业管理提高了农产品的商品化程度；政府干预农业经济，确保了20世纪农业的正常发展。而从发展看，20年代农业的长期萧条，奠定了美国政府对经济的干预基础。

美国农业"黄金时代"的20年埋下萧条隐患。1897~1920年夏天,美国农产品价格一直保持在较高水平,农民在这20年中充分享受了经济增长带来的好处。1900年前后,由于耕地面积停止增加,人口和世界贸易的增长,加大了农产品需求。第一次世界大战爆发加剧了农产品短缺,农产品价格开始上升,并保持在高于工业品价格的水平上。而1909~1914年,美国工农产品比价持平,后来农业立法曾经以该期农产品价格为基期制定平价指数。现在看来,即使在美国农业的黄金时代,问题是显然的:由于生产过剩导致农产品价格下降,市场销售困难,信贷出现问题、粮食投机活动和粮仓管理问题,工业垄断现象上升、关税歧视问题、铁路运价过高等,都引起了人们的关注。1902年,美国农业地区成立了农场主联盟和美国平权会,1915年成立了超党派联盟等组织,它们都试图解决上述问题。在此期间,西奥多·罗斯福总统成立了农村生活委员会调查美国农业现状,农村生活委员会成立有助于了解当时农村家庭的困难,寻求解决办法。

一战结束导致农业萧条爆发。1920年夏天农产品价格开始下滑,到1921年底,主要农产品和猪肉价格均大幅下跌,价格水平只有跌落前的60%。主要原因是,世界市场上竞争加剧,而在国内,大战中很多美国农场主大量贷款,投资贫瘠土地,导致收益率下降,归还贷款困难,地主趁机取消农场主对土地的抵押赎回,农业金融业遭受了打击,危机波及城市金融。同时,工业品价格却保持在相对高的水平上,致使农场主雪上加霜。对于农产品过剩问题，按照罗斯福总统的观点，主要是出口渠道不畅、国内消费能力下降、农场主不顾市场萎缩继续加大生产等三方面原因。

美国农业问题表现为"价格问题"。对此各界陆续寻找并提出解决办法，到 1923 年，美国解决农业萧条的立法议题集中于保持农产品平价上，麦克纳里-豪根法案就是在这个时期提出的。对于如何解决农业萧条，挽救美国经济，罗斯福指出："实非用新的剧烈方法，不能拯救"，因为美国经济"情况之空前恶劣，故不得不用空前之方法"。

四、美国农业危机政策思想史

1920 年代不断有人提出解决美国农业萧条的办法。自由放任思想已经遇到挑战，各种办法逐渐走上经济干预一途，1920 年华莱士出版了《农业价格》一书，在 1923 年发表了题为《控制农业价格》一文，呼吁农场主组织起来，按照农产品生产成本决定销售价格，通过控制农产品种植面积，提高价格水平和农业收入。1920 年，里昂（William H. Layon）提出了由政府组织稳定农产品价格的思想。1921 年，沙皮罗（Aron Sharpiro）认为，农场主应组织起来，控制农产品销售，维持价格。1923 年，欧文（Harry N. Owen）提出实施国内农产品种植面积配额思想。

实现工农业平价的成果是麦克纳里-豪根法案。1920 年代初，匹克（George N. Peek）与约翰逊（Hugh S. Johnson）提出，由政府收购国内过剩小麦和玉米向国外销售，以提高国内农产品价格的思想。但是，为了补偿向海外市场倾销农产品带来的损失，政府应对农产品生产者开征税收，称为平价费。后来，这个建议形成法案，最早由麦克纳里参议员（Charles McNary）和爱荷华州的豪根众议员（Gilbert Haugen）联合提出，故名之曰麦克纳里-豪根法案。法案提出，政府通过资助粮食出口公司向国外市场销售过剩农产品，保证国内价格，并使农场主得以收回生产成本，得到利润。法案还提出，提升美国关税，阻挡国外商品涌入。执行这项计划的成本，由参与行动的农场主以销售农产品的"等价费"形式分摊。1924~1928年，农业利益集团积极促使国会通过该法案。1927~1928年，法案曾两度在国会通过，但都被柯立芝总统否决，他说："这个法案提出的计划，真正目的是通过政府固定价格，并向国外倾销过剩农产品，人为抬高国内价格"。

还有人提出出口券计划。出口券计划由农业经济学家斯特华德（Charles L. Steward）提出，该计划设想，给予主要农产品出口商可转让债券，允许农产品出口商按世界市场价格向农场主付款，另付给一定数额的债券，债券价值由国会确定。这项计划实质是给予农场主产品出口补贴，他主要是"全国格兰其"运动组织推动的。

胡佛总统赞成政府资助农业合作社。1929年，胡佛力主国会通过了《1929年农产品销售法》，授权成立美国农场局，并给予农产品销售合作社资助，通过联邦农产品稳定公司（Federal Commodity Stabilization Corporations）采购过剩农产品。但是，随后纽约证券交易市场崩溃,导致销售合作社收购的农产品价值大大低于收购成本,纷纷破产,美国农场局计划随之失败。其余响在1930年代末还时有听到,只不过鼓吹者建议作为农业辅助政策,不再有《1929年农产品销售法》那样高的地位。爱荷华州农场主假日协会组织农场主,拒绝把农产品以低于生产成本的价格出售。美国农场局联合会坚决支持新政农业法案,并反对用合作销售办法解决农产品过剩问题。

水土保持思想也出现了。1928年,有关农业土壤侵蚀严重状况的研究报告引起了美国政府对水土保持问题的重视。有人认为,可以通过有效利用土地来解决大萧条。1920~1930年代是美国农业经济的萧条时期,农业利益集团曾经提出不少建议,体现出人们开始思考运用政府干预哲学来解决问题的思想,但是,当时弥漫的自由放任主义哲学,扼杀了这个思想萌芽,农业问题的解决还要有待罗斯福的新政哲学。

五、胡佛政府农业政策的失败教训

《农产品销售法》和美国农场局试图稳定农产品价格。在麦克纳里-豪根法案失败之后,1929年通过了《农产品销售法》,这是胡佛总统解决农业萧条的主要具体措施,把农业与其他产业在经济上视为平等的,强化农业合作社销售力量。支持立法的人认为,通过农业合作社有秩序地销售农产品,能够稳定价格并使生产者受益。法律授权成立了美国农场局,由该局建立政府资助的稳定公司,在粮食出现过剩和市场价格下滑时维持价格。"对于控制产量,美国农场局仅有的权力是向农场主提出劝说和建议"。1929年秋天,美国农场局靠5亿美元在芝加哥农产品交易市场稳定棉花和小麦价格。但不久,发生全球性经济不景气,1931年美国农场局开始放弃支持价格的做法,因为这种做法没有任何持久性作用。1930～1931年,美国国会还通过了法律向遭受旱灾的农场主提供贷款。总的来看,胡佛对于农业问题,没能提出有效办法,农业危机加深,这要等到罗斯福政府解决。当然,胡佛农业政策给农业改革提供了借鉴,我们还是应该承认的。

胡佛政府农业政策的思想基础是"刚毅的个人主义"。胡佛在1928年10月22日向纽约公众的演说,阐述了个人主义自我奋斗哲学,即"刚毅的个人主义"思想,"对证券市场大崩溃之前公众观念做了简明扼要的解释"。

"刚毅的个人主义"是针对欧洲"父权主义和国家社会主义信条"提出的。欧洲思想与美国观念格格不入,接受欧洲思想意味着中央集权政府形式对美国式民治政府体制的破坏。胡佛对民主党人利用国家机器解决美国农业危机的思想深恶痛绝,"如果说他们的农业救济计划有什么意义的话,那只意味着政府将直接或间接购买、销售农产品,并为农产品定价"。这样就会产生一个问题:美国是否将要偏离一个曾经赖以存在、并已经通过它超过了世界上所有其他国家的政治与经济制度,而接受一个根本损害其存在基础的办法呢?由于政府介入经济活动会形成专制主义、官僚主义，立法机构不能行使正职能，从而破坏州政府控制企业和征税权利，经济进步将遭到阻碍。他举例说，政府经营商业活动最为失败的事例就是美国铁路事业的发展。但是胡佛又指出，他并非阻止美国政府保护公民利益，如保护自然资源。但是原则是，当美国政府在从事诸如防洪、科研、国防目的的公共工程时，由此产生的权利和商品只能是副产品。"机会平等和美国个人主义的根本内核是，共和国不应该存在任何形式的统治集团或其集合。相反，政治平等和社会正义与经济公正同样重要"。他呼吁说，美国人民在解决经济问题时，并不要取消美国的根本制度。解决农业问题决不应损害政治制度，就是所谓的"刚毅的个人主义"，实质是强调个人权利与自由神圣不可侵犯，信奉个人奋斗。

胡佛"刚毅的个人主义"无法挽救农业衰落。舒尔茨认为，美国"未被认识的真正农业问题……的核心是很多农民的收入太低"，"因为农业中的人力，即作为劳动者和企业家的农民所获收入要低于其他经济部门可比人力的收入"。"真正农业问题的解决办法主要在农业之外。很多农业劳动者的低收入是经济不平衡的结果。这种不平衡是美国农业部不能纠正的，国会农业委员会无法解决的。在现行方针下，农业组织对它也是无能为力的"。也就是说，要解决美国的农业问题，就要从调整美国的经济结构入手，从调整工农业的分配关系入手，这正是国家需要做的。1920~1930年代，自由放任主义哲学已经走到了终点，经济人的时代结束了，而且美国的经济问题是全面性的，不是靠哪一个公司或社会机构能够解决了的,因此国家介入已经成为必然,政府干预主义的兴起已经是历史的潮流。人民要求变革的呼声四起,罗斯福提出的"新政"口号顺应了历史的发展,得到了多数美国人民的拥护,他所执行的农业政策找到了解决农业萧条的出路,这就是1933年、1938年《农业调整法》和其他新政农业立法。

第二节 常平仓制度的尝试

新政农业政策分为两个阶段,前期颁布了《1933年农业调整法》和一系列修正法案,围绕调整农业利益关系,解决农业危机,并成立了农业保障署,执行安置农民的任务。成立了联邦紧急救济署,解决土地侵蚀问题。1936年《土壤保护和国内配额法》和《1938年农业调整法》建立了农业常平仓制度,为美国当代农业发展确立了制度框架。

一、《1933年农业调整法》立法思想

《1933年农业调整法》是实验和救急的法律。实施《农业调整法》部分解决了粮食过剩问题,而常平仓制度为美国全面建立

农业常平仓制度铺平了道路。对于《1933年农业调整法》，罗斯福说："那是一条全新的没有人走过的路"，是"面对前无古人的形势需要新手段的实验"。

《1933年农业调整法》是美国第一部农产品价格支持和土地调整立法。基本思想是，通过控制过剩农产品，实现农产品价格和工业品价格的平价。与此同时，通过行政命令和相关法律，成立政府救济机构和农业信贷机构，收购并向广大缺粮人民分发食品，为农场主提供抵押贷款，上述新的机构就是联邦过剩农产品救济公司和农产品信贷公司。

《1933年农业调整法》出台有深厚的国际背景。从世界范围看，在麦克纳里-豪根法案提案出台时，巴西咖啡生产商正利用类似做法获得政府补贴，刺激了该国咖啡生产。为了支持价格，巴西政府不得不收购越来越多的咖啡，当政府无力继续收购时，生产就出现衰退。其他西方粮食进口国在1920~1930年代都采取措施刺激国内农产品生产，同时提高外国农产品进口关税，限制国外农产品流入，如1931年意大利进口农产品关税已经高于国内生产价格，一些国家开始对农场主提供补贴。南斯拉夫、罗马尼亚、英国、德国、匈牙利和波兰等国农业机械化水平不断提高，农产品单产提高。每个国家的国内反农业危机措施产生了一定效力，但对于世界农业形势则产生了很坏的影响。因此，到1931年全世界农业形势已经变得非常严峻。当时的国联经济委员会召集了24个国家的农业专家开会，专门研究世界农业危机问题，会议一致认为，单靠一个国家无论如何也是不可能解决这次世界性农业问题的。这就是《1933年农业调整法》出笼的国际背景。

美国解决农业萧条必须进行农业调整。1933年3月10日华莱士发表了关于《农业调整法》的广播讲话，他提醒全国人民说："必须立刻达成协议，我们的谷物四月就要播种，我们无法等到六月。……没有完美的计划……我们的任务就是妥协。"华莱士指出，《1933年农业调整法》的立法重点是进行农产品调整，立法目的是通过对农产品种植面积的调整，把农业的购买力恢复到1909~1914年的水平上。在将农业生产调整到一定水平的同时，承诺保证消费者的食品开支不高于第一次世界大战前的水平。

二、《1933年农业调整法》简要内容

农业调整的出发点是控制产量。《1933年农业调整法》首先指出，美国农业面临紧急形势，由于农业价格和其他商品价格的比价不相等，抑制了农场主的购买力，导致农业资产萎缩，无法支持国家的财政金融体系，造成基础产业的农业和全国公共利益无法正常交换，加重了农产品流通负担，阻塞了流通渠道，所以必须调整产量。

实施农产品调整政策有三项目标。第一，建立并保持农产品生产和消费的平衡以及相应销售条件，相对于对农产品购买力以重建农场主的价格，使农产品购买力等于基期农产品购买力。这里的基期除烟草外，是指战前1909年8月至1914年7月的农产品价格。对

于烟草价格，以 1919 年 8 月至 1929 年 7 月为准。第二，实现购买力平价的办法，是逐步纠正当前的非平价，根据国内和世界市场消费需求情况，以真正可靠的步骤进行。第三，保护消费者利益，重新调整农业产量，使其水平不致因消费者购买农产品及加工产品零售额的花费提高百分比，因这部分支出最终会到农场主手中，上述价格百分比以 1909 年 8 月至 1914 年 7 月水平为准。

《农业调整法》制定了主要调整措施。为农场主提供抵押贷款，通过控制产量提高农产品价格；同时赋予总统更大权利，控制货币发行量，通过减少美元的含金量，实现通货膨胀，提高社会购买力。授权农业部长及时出台灵活应变政策，同时重建农业与其他商品的相互价格联系，这就是"平价"概念。"《农业调整法》的基本条款并非我们规定了价格机制的刚性，相反，所规定的平价办法是可行的平衡价格关系的思想。"具体说，法律规定农产品调整范围限于小麦、棉花、玉米、生猪、水稻、烟草、牛奶以及上述农产品制品等。随后通过的修正案把农产品调整范围不断扩大：1934 年 4 月 7 日通过琼斯-康内里法（Jones-Connely Act），调整范围扩大到裸麦、大麦、高粱、花生和牛；1934 年 5 月 9 日通过琼斯-科斯提根斯食糖法（Jones-Costigens Act），调整范围进一步扩大到甘蔗和甜菜；1935 年 8 月 24 日通过华伦土豆法（Warren Act），将土豆调整也适用该法。

《农业调整法》重点在于调整经济利益。当时由于农产品过剩、价格过低，与工业品价格出现了剪刀差，实质就是工业剥削农业，造成美国农业衰败，同时工业品无法在农村市场正常销售，所以影响到城市工业发展，带来失业上升。从调整农业产量水平开始解决美国经济萧条是一个突破口。《农业调整法》限制农业产量相应提高了农产品价格，可能损害城市消费者的利益，所以同时提到要保护消费者的利益。如何实现这一点，除非增加城市收入，但是由于严峻的经济萧条，大量人口失业，不可能有更有效的办法。

《农业调整法》广受农场主支持。《华莱士农民》杂志评论说："它的权力比原先的格尔德波罗法案（Goldborough bill）、麦克纳里-豪根法案和所有土地法加起来还要大。一旦法案通过，三匹大马将开始为农场主干活。第一匹马是法案通过向农场主提供支付，以减少产量增加有效需求的办法，提高农业购买力的条款。第二匹马是削减众多农场的抵押比例，从而使本金等比例减少。第三匹马就是通货膨胀，上个星期农场主们已经在欢呼了。"

《农业调整法》没有明确提出常平仓计划。但是，实际上华莱士在《农业调整法》颁布之后，通过一些做法开始进行常平仓实验，实际执行临时常平仓办法，同时保护消费者利益。"华莱士似乎是采取了不偏不倚的政策，……华莱士坚持对消费者保护的条款应该包括在《农业调整法》中，并且实际上由他自己起草了保护条款（尽管缺乏明确性，正如他后来沮丧地承认的那样）。"对消费者利益的保护措施，就是成立联邦过剩农产品救济公司，主要是收购过剩农产品分发给城市贫民。与此同时，针对农场主的信贷措施通过农产品信贷公司执行，这两个政府公司本质上就是华莱士的农产品常平仓。

三、农产品常平仓：农产品信贷公司和联邦过剩农产品救济公司

农产品信贷公司是美国进行农业支持的官办企业。按照6340号行政令，农产品信贷公司（Commodity Credit Corporation，简写CCC）于1933年10月17日成立。CCC最早系根据美国特拉华州法律作为美国国家公司组建，1939年7月1日前由复兴金融公司管理，隶属于美国农业部农业稳定与保护服务处（The Agricultural Stabilization and Conservation Service），总公司设于华盛顿，完全是行政性公司。CCC由美国总统指定6人任董事，成员包括农业部长和农业部5位行政官员。另有总统指定的5人咨询委员会，组成人士具有商业和农业经验，其中有3人不得属于同一政党。成立伊始，联邦政府提供了300万元创始基金，1936年4月10日注册资本增加至1亿元，公司总资本由美国所有，主要目的是配合政府种植面积分配及销售计划，向农场主提供农产品贷款，公司最多可借款145亿元。成立初期虽与复兴金融公司有着密切联系，但本身是独立机构，1939年7月根据美国总统第一号重组计划，成为农业部永久设立机构。1948年7月29日第80届国会通过了《农产品信贷公司章程法》（即《806公法》）予以联邦永久成立许可，有效期从1948年7月1日起。1949年7月7日第81届国会通过《85号公法》补充了章程。公司及其业务范围虽几经

演变，但它经营农业贷款性质却没有变化。

图 11　美国常平仓的管理：1937 年农产品信贷公司职员在工作

（资料来源：http://www.creditreviewcenter.com/1937-photo-clerks-of-the-reconstruction-of-finance-and-commodity-credit-corporation-checking-and-tab.html，2014 – 06 – 16.）

农产品信贷公司为农产品种植提供短期信贷和粮食储备贷款。农产品信贷公司贷款给农场主，而以他们的谷物为担保。如果农产品卖出好价钱，农场主归还贷款还可得到利润。如果农产品卖价低，农产品信贷公司通过支持性款项付给农场主一笔款。因为农场经济状况的变化，这样农产品信贷公司支付的款项波动很大。天气好时，农产品信贷公司全部贷款能得到偿还。否则，就得支付数十亿美元款项，用于支持价格和支付不足款项。公司奉命，有义务对遵照种植面积计划的生产者予以贷款。生产者借款到期，并不一定偿还现款，可将抵押物交付偿还，而无需求于他人。这个抵押物品就是农产品。可见，农产品信贷公司的贷款有不少特点：首先，贷款对象是农场主；其次，贷款保证或抵押是农作物，而且农场主还贷有较大的自主权，根据当年天气情况和作物种植面积计划执行情况而定，因为并非所有的农场主都参加作物种植面计划,所以,农产品价格是由当年市场上所有农产品产量决定的。

农产品信贷公司对农产品储备业务提供了大量资金。贷款多用于常平仓储方案(Ever-normal granary program)之基础,贷款对象多为玉米、棉花、小麦三种作物。在丰收时,农场主可以从农产品信贷公司那里借到贷款修筑仓库,把过剩粮食储存起来,等待市场价格回升。可见,农产品信贷公司贷款优点是,对农民总是有利而无害;因为当农产品收获时,如果价格高于贷款时规定的价格,农场主可选择把农产品在市场销售归还贷款。但当收获时农产品价格下跌,农场主可用抵押的农产品归还贷款。再一个好处是,农民可以贷款在农场附近最适当的地点建立储藏设施;如果储存量超过前一季节,还可以得到改善储藏设备补偿的机会。

图12　美国常平仓的管理:1938年联邦过剩农产品救济公司在分发食品

(资料来源:https://www.superstock.com/stock-photos-images/4048-1278,2014-06-16.)

农产品信贷公司对支持农产品价格支持很重要。首先,价格起到了对农业收入的支持机制;其次,起到了农产品产量的导向作用。为了这个目的,基本农产品的支持价格为平价的90%,一年内不再变化。这就是无追索贷款制度(The Non-Recourse Loan

173

System，也叫作农作物贷款制度）。对于下个收获季节，政府发布一个农产品收购和储藏价格。农作物收获后，农场主可选择：如果市场价格高于政府发布的价格，可以自行出售，或者把已经抵押的农产品存入政府仓库，按照政府的公布价格获得优惠贷款。而存货则由农业部掌管，农场主在9个月内再做决定，是把农产品销售给政府还是在市场出售。这得看市场价格的变动情况。受益的农场主是玉米、棉花、花生、稻谷、烟草和小麦种植者。谷物贷款的单位数量（也称贷款率）起到了强化价格支持或保护价作用。

农产品信贷公司的信贷政策稳定物价成分多于贷款政策成分。当市场利率很低时，农产品信贷公司贷款则减少。相反，在市场利率高时，农产品信贷公司则增加放款。但归还贷款只按原定的贷款条件。实际上，就是由农产品信贷公司承担了贷款风险。对农产品放款可直接由农产品信贷公司办理，也可以间接由私人机构办理。如果是一般银行，可与农产品信贷公司订立契约，办理农产品贷款等。其办法是，农民首先同意按照一定的利率付出利息，并提供一项实物动产做农产品抵押，并交付风灾、火灾保险单（农作物保险条款是在《1938年农业调整法》中才有的）。如果农民愿意交付农产品以抵付现金贷款，当他转移农产品后，就可取消应付的利息。地方银行也可对农民贷款，并从农产品信贷公司得到还款保证，于贷款期满时可向农产品信贷公司贴现，并取得银行应得的利息。可见，农产品保险是和常平仓制度结合的，可见常平仓地位的重要性。

联邦过剩农产品救济公司开展城市救济工作。根据特拉华州法律,联邦过剩农产品救济公司成立于 1933 年 10 月 4 日。公司创办人为联邦紧急救济署署长霍普金斯(Harry L. Hopkins),他任公司董事长,农业部长华莱士任副董事长,联邦紧急公共工程署署长伊克斯(Harold Le Claire Ickes)为司库。联邦过剩农产品救济公司为解决农业萧条发挥了较大辅助作用。金顿(Frank Kingdom)在《一位伟人:亨利·华莱士和六千万个岗位》(*An Uncommon Man: Henry A. Wallace and 60 Million Jobs*)说:"华莱士于大旱与余粮耗尽以后的 1934 年提出了常平仓办法。他提议按这个办法引起物价上涨。这计划可以使供应与物价稳定,农民兼受其利。谷物投机者抱怨说这计划是不切实际的。另一方面,那些农产的加工者与分配者由于想到农产突然涨价引起财产目录上的损失,对这主张是赞成的。消费者的支持它也不待细说了。这一计划一直进行的很顺利。他的工作的一部分就是'过剩日用品公司',该公司在 1934~1937 年间曾将价值 2 亿元的几百万磅产品分配给城市与城镇救济机关。这些过剩产物如流入无管制的市场,势将迫使农产价格跌到致人贫困的水平,并将因而引起另一次萧条的重来。"

《1933 年农业调整法》提高了农产品价格,增加了农村购买力,部分解决了城市工业的开工不足。另一方面,农产品信贷公司发放农业贷款,解决农场主面临的抵押被取消,土地被地主收回,失去生活保障的困境。作为新的尝试,联邦过剩农产品救济公司执行常平仓救荒功能,保护了农场主生产,解决了贫困者生活困难，同时过剩农产品免费发给急需的城市贫民，客观上起到限制市场价格下跌的效应，对战胜农业萧条做出了贡献。正是由于新政初期对常平仓思想的检验获得成功，所以，在第二个《农业调整法》中，华莱士以立法形式把这一做法固定下来，全面建立了常平仓制度。

四、《1933年农业调整法》实施效果

《农业调整法》实施取得了成绩。华莱士说，300万农场主和政府签订了种植面积调整合同，农场的现金收入从1932年的43.3亿美元上升到1934年的60亿美元，1933年3月农产品购买力为战前的55%，1935年4月则上升到战前的87%。更多的人得到了食品和衣物救济，城里的劳动者开始返回工厂，因为农场主购买力提高，为工业品提供了销路。两年中，购买力提高的90%是由农业购买力增加带来的。尽管调整计划不是取得成果的唯一原因，但它是"不可缺少的因素"。面对这些成就，批评家降低了调门。值得指出的是，他提到的是农产品信贷公司和联邦过剩农产品救济公司的功劳。由于华莱士执行新政农业政策，农产品产量回升，农民收入增加，即使1937~1938发生新的萧条时，农民收入依然高于1932年，尽管农民收入增加部分来自国民收入增加，无追索贷款起到较大作用。但是，政府减少种植面积计划并没有减少主要农产品产量，而且政策实际上鼓励了农民增加农业投入。北卡罗来纳大学教授洛克腾堡（William Edward Leuchtenburg）指出，罗斯福与华莱士的农业纲领，不管思想怎样有疑问，实行结果却相当好。这位历史学家所说的"疑问"，就是华莱士当时所采用的做法在美国历史上没有先例，而且与当时尚占统治地位的自由放任思想发生了不相容。另一位历史学家布鲁姆说，战前常平仓的过剩保证了大战中有足够的粮食，并筹措了大笔资金。

联邦过剩农产品救济公司也取得了成绩。金顿指出，联邦过剩农产品救济公司收购了大量过剩农产品，向人民分发，解决了人民生活困境，同时保证了农产品价格的稳定，防止了萧条蔓延。爱荷华州立大学教授海迪（E. O. Heady）指出，联邦过剩农产品救济公司目的是为了扩大对农产品的需求，作用是向那些急需家庭分发食品，并对学校执行免费午餐计划。这项计划分发的食品包括了猪油、牛油、小麦、鸡蛋、牛奶、面粉、大豆、奶酪、大米、蔬菜和火鸡。通过食品券计划和立法计划，1966年有一百多万个家庭获得了免费食品，低价或免费救济食品和农产品信贷公司购买过剩粮食之间的价差，由美国财政部承担。

《1933年农业调整法》带来了更为深远的影响。这就是鼓励了农场主联合起来行动，这对胡佛的"刚毅的个人主义"是彻底的反动。《农业调整法》所取得的成就和华莱士号召农民在政府帮助下自己解决问题是分不开的。

新政农业政策借鉴了王安石变法。正如凯恩斯在《通论》中所说："……经济学家以及政治哲学家之思想，其力量之大，往往出乎常人意料。事实上统治世界者，就是这些思想而已。许多实行家自以为不受任何学理之影响,却往往当了某个经济学家之奴隶。狂人执政,自以为得天启示,实则其狂想之来,乃得自若干年以前的某个学人。我很确信,既得利益之势力,未免被人过分夸大,实在远不如思想之逐渐侵蚀力之大"。我们确信,尽管中国封建时代已经成为历史的影子,但封建时代产生的、符合社会发展规律的思想,并不因此而过时。《农业调整法》和其他解决农业危机的措施,效果是肯定的。《农业调整法》不但有效地遏止了农业萧条形势的继续蔓延,也为进一步制定永久性农业立法,根本防止农产品过剩和不足,制止萧条形势的加剧,为经济平稳发展提供了保障,并进一步开辟了道路。

第三节 常平仓制度成为美国永久农业立法

一、《1936 年土壤保护与国内配额法》:永久常平仓制度的过渡

《农业调整法》因故停止给了美国社会反思常平仓建设的机会。《1933 年农业调整法》实施缓和了美国农业地区的经济危机,给农场主带来了好处,但遭到了农产品加工商(如磨房主、肉类屠宰商、罐头商等）反对。1935年，农产品加工商巴特勒向法院控告《1933年农业调整法》违反了美国宪法，要求政府退还他交纳的农产品加工税，得到了农产品加工商支持。国内加工税的征收是为了对参加农产品产量限制计划的农场主进行补贴和从农产品中取得更多收入。1936年初，联邦最高法院判决《1933年农业调整法》对农业生产控制、对加工商人征收加工税、补贴农场主，违背美国宪法修正案第5、10条，勒令停止执行。不久，《1936年土壤保护与国内配额法》成为法律，适应应急需要，继续对农产品生产进行控制。

《土壤保护与国内配额法》把水土保持和控制种植面积结合进行农业支持。该法把农产品分为两个大类，一是如小麦、棉花、玉米、甜菜和烟草等消耗地力的作物，一是增强地力的作物，如豆科作物、牧草等。美国过剩农产品主要是第一种作物。该法规定，凡是农场主种植消耗地力的作物，只要转做种植增强地力的作物，均可以从政府领取保护土壤补贴金，大约每英亩10美元。华莱士巧妙地把"有效利用农业资源"和保持"提高农场主的收入"两项政策目标结合在一起。洛克腾堡指出，法律允许政府向农民支付款项而不致冒犯最高法院，反映出美国政治生活中党派斗争的激烈。也有学者指出，华莱士这样做是为了让法律易于通过，主要思想却是针对农产品价格过低，通过控制种植面积，抬高农产品价格。但是，如果回头看看富兰克林·H·金教授和华莱士对于中国古代对土壤保护的论述，似乎就找到他把农产品分为消耗地力和保护地力两种植物的原因了。

《土壤保护与国内配额法》对美国的水土保持具有重要意义，也有利于制定永久性立法。产量控制和土壤保护目标结合在一起，控制种植面积是主要目的，"原先在法律中规定的作物控制成为新措施中的土壤保护"措施，这样就使土壤保护成为美国农业政策有机组成部分。从立法思想上看，在保护土壤思想方面，《1933年农业调整法》的思想起点是，由于农业过度开发，应该限制生产，减少土地使用。1936年农业立法的思想基础是，土地资源无度开发，需要种植保护地力的作物替代损耗地力的作物。两项政策的客观后果是一样的，但是显然，后者的作用更大，同时为制定新的长久法律提供了缓冲。由于第一个《农业调整法》的主要思想是救急、救济和改革，华莱士在1934年就开始起草新农业法工作，而且思考如何"把救急的法律置于永久性的基础上"。而因为1936年农场法没有足够农场主自愿合作限制产量，暴露了法律的临时性，促使华莱士制定永久性农业立法，这就是《1938年农业调整法》。

二、《1938年农业调整法》：常平仓立法的制度思想

华莱士建立美国永久性常平仓制度经过了长期艰苦的工作。1937年5月27日，华莱士在美国国会农业委员会发表声明说："从国家、消费者和农业利益的观点看，应当建立常平仓，以提高供应和稳定价格是基础"。华莱士《口述史》指出，第二个

《农业调整法》是"第一个真正的全国性经济民主的楷模",意义在于它是美国有史以来第一个永久性农产品立法,以建立常平仓制度为核心思想,确立了对农场主利益和消费者利益的并重的原则,奠定了美国当代农业立法的思想基础。

新农场立法制定前进行了大量准备。首先,相关立法准备,在《1933年农业调整法》停止执行后,1936年《土壤保护和国内配额法》部分替代了前者。此前华莱士已经意识到,有必要制定永久性农产品法律。因为当时美国所面临的主要问题很多,诸如建立常平仓、进行水土保持、进行作物保险、救济贫困佃农、安置农村灾民、整理土地、解决反对控制作物种植计划的暴乱等,同时,农场主要求按生产成本销售农产品的呼声不断高涨,与各国签定贸易协定问题日益突出,劳工问题等愈演愈烈,这些问题交织在一起,十分突出,而农业问题占中心地位。华莱士为了解决新旧法律过渡期的遗留问题,首先通过《补充拨款法》筹集资金,解决限制种植面积补贴问题,此前,这项补贴款来自对农产品加工商征收的加工税。还补充通过了《1935年土壤侵蚀法》。农业调整署还促使各州通过仓储法,以支持联邦政府的农业计划。有人提出在农业地区为农场建造一批容量为一千蒲式尔的仓库,以便政府就地封存粮食。比恩就说,这是当代发明和中国常平仓思想的结合。其次,成立各种新政机构。新政后期的任务是解决佃户问题、向农村提供救济、继续消除旱灾的影响和重新执行调整土地计划,并建立各种机构解决农场主的各种困难。此时农业救济方案也出现了一些变化，政府开始从以前向农场主提供免费食品和资金，转向提供农具和牲口，保证了计划执行的经济性和社会性。1935年，农业部再安置署成立，专门救济低收入农民。后并入农业保障署，解决救济贫民的需要。农村电气化署通过发放农业贷款，加快了美国农村电气化步伐，提高了农村地区消费水平和文明程度，部分解决了城市的电力过剩，为政府兴修水利和电站，开辟了更大市场。

新农场法采纳了农作物保险的建议。1936年，美国农场主联盟提出实行作物保险建议。私营保险机构对此表示怀疑，但是，美国农业部指出，办法可行，建议国会立法。但如何确定赔付费率等技术问题很复杂。于是，决定先在玉米、小麦或棉花种植中施行，并指定2个机构，分别起草作物保险计划，制订长期干旱调整计划。"华莱士早就希望作物保险思想能和常平仓计划结合实施，……过剩粮食将被存放起来，不是因为政府要在公开市场上采购这些粮食，而是为了农民们都用以货代款方式支付保费"。政府执行这项计划的成本极小，各方皆大欢喜。但是存在的缺点，是执行以货代款支付的农产品品种，必须限于能长期储备。

1936年下半年，华莱士思想中常平仓计划已经成熟。他开始进行这方面的实验，并向总统提出理发建议，同时广泛鼓吹常平仓思想。"不利天气对新政政策产生了很大影响"，于是政府机构从上到下研究制定对策。如果说华莱士一直就有建立农业常平仓思想的话，促使他具有这个思想的最重要原因，就是根本杜绝坏天气对农业的影响。他认为，实施常平仓计划的时机已经到来。有人指责常平仓计划是妄图管制大自然，华莱士反驳说："我们无法管制大自然，但我们不能让大自然管制我们"。为了战胜大旱，保护土壤，常平仓计划建设成为强制性的。只有在更大范围内实施常平仓计划，存储过剩粮食，才有可能解决农产品过剩，解决干旱带来的问题。萨罗托斯和希克斯指出："这是常平仓计划列入《1938年农业调整法》的根本原因"。

三、美国常平仓制度的确立

常平仓建设将最终为从制度上战胜大萧条奠定基础。1938年2月，罗斯福签署《农业调整法》，常平仓计划作为第一重要措施被列入法律，这项法律在三个月前国会特别会议上已经通过。法律建立了储存过剩棉花、大米、烟草、玉米和小麦的制度，把丰收年的过剩粮食用于灾年的急需。罗斯福指出，这是给予农业以全国国民收入公平份额计划的一部分，"保证消费者有充足的食物和纤维，停止浪费土地，减少巨大的过剩和灾难性短缺的缺口"。《农业调整法》的政策目标是，美国"拥有巨大的食物和饲料储备，以备破坏性天气之年使用，并以此熨平价格过高或过低。我们同意，城市人民和农民真正而持续的进步，不会来自以往我们所熟悉的丰欠不均的周期循环，不会来自一个接一个的繁荣和崩溃，只能来自持续而稳定的生产增长，以及人类必需品的公平交换"。美国国会指出，《农业调整法》政策和目标，是尽可能帮助农业生产者取得公平价格和公平收入。《农业调整法》标志着美国农产品常平仓的真正确立，华莱士的新政农业调整计划进入最后阶段。

图 13　美国常平仓：爱荷华州格兰迪中心库（Grundy Center, Iowa）

（资料来源：美国国会图书馆，http://www.loc.gov/pictures/resource/fsa.8b18965/，2012-07-28）

具体来看，《1938年农业调整法》主要包括以下内容：

第一、实行农产品价格支持政策。继续执行土壤保护计划，采用价格支持和直接补贴的方法，控制农业生产，维持农场的收入水平。1936年《土壤保护和国内配额法》规定，农场主保护土壤可以得到政府补贴，《农业调整法》授权政府采用灵活方法，实施耕地面积削减计划，以控制农业产量。计划分两类，一是耕地面积配额，促使农场主自愿削减农业产量，二是采用销售配额，强制性限制农场主的产量。政策强制性体现出民主作风，即销售配额要经过2/3以上农场主投票多数通过才始执行。新法还规定，农产品分为基本农产品（小麦、棉花、玉米、水稻和烟草）和非基本农产品两大类，生产控制和价格支持对于基本农产品是强制性的，而对于非基本农产品则是非强制性的。超过种植限额和销售限额的农场主，不但没有资格享受补贴，还要受到处罚。

第二、通过发放无追索贷款，建立农产品常平仓。联邦过剩农产品救济公司延长到1942年6月30日，然后由农产品销售服务署接管。农业部在既定价格条件和供应条件下，向执行政府农业生产计划的农场主（主要包括玉米、小麦和棉花生产者）提供无追索贷款，由农业部长决定商业贷款。农业部长在小麦、棉花、玉米、水稻和烟草的供应量达到一定水平后，可宣布销售限额，经过农场主表决，强制执行。无追索贷款就是农产品抵押贷款，具体做法仍如由农产品信贷公司的办法，在农产品价格急剧下跌时，由政府给予一定财政支持和最低价格保证，在农产品需求严重不足时，由政府帮助农场主建立稳定有效的储备，储存多余的粮食。这样的粮仓体系，对于保护农场主和普通消费者利益，起到了很大作用。

第三、实施农作物保险计划。规定农作物保险资格条件和范围，由政府向农场主预付土壤保护补贴，使农场主有能力支付农作物保险费。根据法律，建立了联邦谷物保险公司，作为美国农业部下属机构，以1亿美圆资本授权，从1939年收获季节提供小麦贷款。华莱士曾经提出，农产品保险计划要和常平仓计划结合实施。农场主参加联邦农产品种植保险，为了使农场主能够支付保险金，先行支付给农场主部分资金，使他们承诺参加常平仓计划。参加政府农产品种植计划的农场主，以谷物作抵押贷款。保险包括了农作物不可抵御的灾害，如干旱、洪涝、歉收和虫灾等，允许产量波动范围为50%~75%。

第四、建立农业实验室，开发农产品新用途。这项措施是华莱士稳定美国农业生产，解决农产品长期过剩趋势的开源办法，从将来为农产品找出路。只有不断开发农产品的新的用途，才能保证农产品源源不断生产出来。另外，在常平仓爆满，其他处理手段受限制的情况下，粮食的新用途开发，可以根本缓解常平仓压力。

美国常平仓运做机制灵活而简便：

（1）联邦政府确定提供财政资金，由联邦过剩农产品救济公司，按适当价格办理5项大宗基本农产品（包括玉米、小麦、棉花、烟草、稻谷）收购与储备。

（2）在丰收年，由农产品信贷公司按照农场主（既包括参加限制作物种植计划者，也包括非参加者）产量高低进行贷款，以稳定农产品价格及其供应量。

（3）如遇灾年欠收，常平仓即抛售一部分丰年储备，以保证供应和价格不致过高。

（4）如果出现连年丰收，造成常平仓仓储充溢，农业部运用销售配额，限制农场主无限制销售农产品，或实行限产与粮食储备限额结合，激励农场主丰收年储备粮食。

(5) 农产品信贷公司在必要时，根据平等丰裕和收入平价概念，发放价格支持贷款，用于过剩玉米、小麦及棉花的紧急处理。

(6) 农业生产因地制宜，与土壤保护计划相联系，分别运用限制作物种植面积办法，减少产量，防止出现粮食储备过剩（玉米生产，则采用"农产品贷款"及"储存限额"办法）。

(7) 农产品销售运用合同管理和有序销售办法，以调节市场，补充粮食产量出现的波动，保证农产品销售平稳进行。

(8) 常平仓制度的执行实行民主化程序。例如，对某项农产品的贷款及生产、销售限额的执行原则，均事先由农场主进行表决，同意人数达 2/3 之时，才会付诸执行。而且，联邦政府基于农业保护的开支以不对财政造成负担为原则，如执行玉米生产"自给支付计划"时，费用以无损于政府财力为限。

新立法的最大优点是永久、可靠、高效、灵活。除了农产品信贷公司有详细规定，对于联邦过剩农产品救济公司，也作出了相应规定，使这个政府救济机构继续延长职能。可以看出，第二个《农业调整法》对联邦过剩农产品救济公司和农产品信贷公司的基本功能做出规定，它们法律地位和作用从此有了统一法律根据，成为美国农业部的永久职能。同时，常平仓制度与美国政治的民主方式结合在一起，保证了制度的可靠性，这是实行常平仓制度的根本。而从常平仓具体运做看，环环相扣，限制生产、规定销售限额、实行常平仓粮食储备都与农产品信贷相结合，保证制度非常有效。

《1938年农业调整法》有不少新思想内容。《1938年农业调整法》新思想主要包括常平仓计划和针对小麦的作物保险计划。美国行政当局认为,他们执行了一条介于《1933年农业调整法》和《1936年土壤保护和国内配额法》的中间路线。《1936年土壤保护和国内配额法》以过剩控制思想,代替原来《1933年农业调整法》的"生产控制"思想,而运用常平仓思想,建立销售和存储制度,控制过剩粮食,强化了《1936年土壤保护和国内配额法》保护土地生产力的思想。总之,第二个《农业调整法》新内容基本上有三点,即,一是建立常平仓制度,另外两个分别是作物保险和为城市人口提供的福利,这是保护消费者利益思想的进一步延伸。"由于执行食品券计划,特定的过剩农产品通过联邦过剩农产品公司以救济方式分发到个人"。

图14 美国常平仓计划封存的玉米:爱荷华州舍尔比县(Shelby County, Iowa)

(资料来源:美国国家档案馆,http://arcweb.archives.gov/arc/action/ExternalIdSearch? id = 522348,2012-07-28)

1937年10月12日罗斯福在《炉边谈话》中指出："我们打算在今冬找出一种办法，永远防止重新出现4.5美分棉花，9美分玉米和30美分小麦——以及这种价格给我们所造成的灾难"。"而我们找到办法来保护农场主价格不受农作物交替过剩和稀缺的影响时，也就找到了保护国家的食品供应不受同一起伏波动的影响的办法。我们应该永远拥有足够的食品，而其价格又是消费大众所能付得起的。为了美国城市消费者，我们必须找到办法，来帮助农场主在丰年充分储存，以补歉年的不足"。《农业调整法》通过政府制定一套比赛规则，使得劳工、农业和工业得以均衡丰产而又免于浪费。

四、常平仓思想在《1938年农业调整法》中的地位

战胜大萧条必须建设农产品常平仓。《农业调整法》提出保证农业稳定、保护农场主利益和消费者利益，二者同样重要。能够同时起到保护二者作用的，就是建立农业常平仓制度，这是第二个《农业调整法》的基本思想。建立了常平仓制度，就建立了对生产者和消费者双方的保护屏障。

常平仓制度建设奠定了美国彻底战争大萧条的制度基础。从具体措施上看，在丰收年或市场需求不旺的年份，通过收购部分农产品，农场主自己储备部分农产品，解决过剩粮食造成的市场压力，一定程度上稳定粮食价格，同时依靠政府的销售体系，解决部分存货，另一方面，通过信贷手段限制农产品生产过剩，农

场主也可以根据市场变化，决定是出售谷物后归还贷款，还是把抵押的农产品留在农产品信贷公司仓库，主动权掌握在农场主手中。而联邦过剩农产品救济公司起到另一个作用，把多余粮食和食品散发到无力购买却急需者手中。这三者构成了常平仓体系。其健全的功能足以同时保护农场主和消费者的利益。而从一开始设计新的农业调整法，华莱士就把"保证国家的粮食供应"作为两项主要目标的第一项，而且把保护消费者利益放在优先地位考虑。长远看，常平仓制度的建立有可能使美国农业稳定发展，保证经济在较短的时间内积累起足够的实力和财富，成为世界强国。

《1938年农业调整法》的核心是建立美国农业常平仓。如第一项措施，农业部长根据国际和国内市场对农产品的需求，制定生产配额，和农场主的生产能力相适应，目的是限制种植面积，具体办法是提供常平仓式贷款，使农场主愿意按照农业部下达的配额进行生产，同时农场主可以根据农产品价格的变动，决定如何归还农产品信贷公司贷款。对自身利益的考虑，决定了农场主必须执行政府的常平仓计划，从而能够保证常平仓制度的顺利实施，而通过土地休耕，减少了粮食过剩，减少了常平仓粮食储备的压力；第三项措施对农产品的保险是和建立常平仓制度相结合的，"华莱士希望作物保险计划能和常平仓计划结合起来。常平仓计划保证农场主可以把丰收年的粮食存放起来，以备灾年使用。这种过剩粮食不是为了政府在公开市场上采购才存储的，而是因为农场主可以通过以货代款方式归还其保险金"。虽然农业状况已经大为好转，但是农民参加作物保险仍存在资金问题，如果不参加这项计划，常平仓整体功能会降低，因此首先由农业部提供信贷，农场主以农作物为抵押，保险计划即可付诸执行。措施之四也是为了减少农产品过剩，这项措施有可能长期内为农产品找到新的消化渠道，保证常平仓计划实施效果。由此可见，建立美国农业常平仓制度，是《农业调整法》的核心，也是华莱士新政农业政策的思想基础和政策目标。

申论"常平仓"、民族复兴与农业政策

中华文明具有顽强的生命力,并不断对外发生着深远影响。1944年,华莱士访问了中国,中国给他的印象使他难忘,验证了他仅仅在书中读到的关于中国农业文明的成就。他在回国后指出,中国在其四千年的历史篇章中写出了一个简单的真理,就是亿万爱好和平的人民从来没有被侵略战争永久征服。要和平、要在土地上生存的愿望在中国人的精神中扎下了深根。中国从来没有谋求征服世界。中国只是谋求并且成功地实现了它要求工作、和平和生存的目的。现在为这个伟大人民开辟了新的时代。闭门自守一去不返。中国的未来属于世界,公正与和平的世界应属于中国。华莱士访华前,他发表了一篇对战后美国远东政策的见解,同时他还指出了国民革命的意义,他说:"今天东方各民族都在迈进中,这个迈进的开始,我们不妨定为 1911 年"。

中华文明的当代价值已为历史证明。历史上几种最古老的文明中,如中国的造纸技术、指南针、火药和印刷术等重大发明,为人类的发展曾经做出难以用数字衡量的贡献,对西方文化的影响,对形成西方经济、政治和社会制度方面的影响都是很大的。思想史上的贡献也不断有思想家予以肯定,虽然到了近代,随着清代闭关锁国政策,科学技术日益落后于西方国家,社会停滞,其固有的伟大经济思想逐渐被国人忘却。而由于几百年来的中西文化直接交流,西方列强在经济上侵略中国的同时,客观上也使古老的中华文明思想得以与西方文明接触和发生碰撞,对西方发生影响,并得以在西方广泛地传播,成为西方制度的组成因素,常平仓思想在美国的制度化是最具说服力的一个事件。

本书是对中国古代经济思想当代价值一个具体事件的回顾。如果说只是初步结论的话,这个结论是否恰当,有待于学界的确认。美国新政农业政策所受到中国经济思想的影响,驳斥了那种"中不如西"谬论,不但证明了我国几千年文明的独特魅力,也说明了它的强大生命力。如《尚书·禹贡》中记载的财政负担平均思想、《周礼》中市场管理思想、《论语》中的财政原则、《礼记·礼运篇》中的大同思想以及《管子》经济思想等,直到今天不少还是我们所需要学习的基本思想,有不少还是我们自觉经常运用的基本原则。至于说这些思想或者原则在世界经济思想史上的地位，只要承认中国古代重农思想对法国重农学派经济学说的影响，承认常平仓制度思想对美国当代经济思想的影响，任何人也不会说这些古代思想已经失去意义。正如胡寄窗教授指出，古代经济思想成就不是西方所独有，未来更完备的经济学说，须有各国家和民族共同创建，不可能只由某些自命为"优秀的"国家和民族单独完成。

中国文化传统旺盛的生命力是中华民族能够自立于民族之林的最坚实基础。我国人民历来珍视自己的优秀民族传统，对于同属于文化的一部分的经济思想，我们所持的态度也应该是从中吸取有益的营养。这就是"古为今用"。古为今用的起点是学习古代文化和思想，挖掘整理祖国古代优秀文献，研究那些在我国古代甚至近代、当代仍然有意义的思想，是我们运用古代思想服务于现实的前提。当前改革开放，西方思想大量引进。同样，开放也意味着中国思想和其他不同民族思想的交流或交融，意味着我们会从其他优秀思想中吸收丰富的营养，丰富我们的思想库。但是，由于社会制度的差异和文化的差异，经济发展程度的不同，决定了我们在吸收其他民族优秀文化的同时，不能不结合自己的实际，不可食而不化。在这方面以前也是有深刻教训的，因此我们既要学习西方的优秀的文化成果，又必须结合实际，避免削足适履，食洋不化。

珍视优秀民族传统不可忘记历史经验。实际上，由于农业问题的重要性，1930年代，国民党政府也想重新推行这个古代经济制度，当时国民政府委员长蒋介石，曾经通电各地督促研究"王安石政治经济学"问题，但是，竟然不知如何在现代农业条件下实行，反而由当时的"中国关税委员会"成员向美国人询问。显然他们忘记了中国古代的传统，同时他们也没有研究中国的当代农业实际。所以，本来应该是外人向我们学习的东西，反过来我们却要从外人那里学习。另一个例子是，我国的中医中药业的研究和应用，有被日本人超过的趋势，他们声称，未来的中医将被命名为东洋医学。而且一些周边国家，竟然声称"中秋节"、"端午节"等都是他们民族的发明，还竟至于要自作主张，申报世界文化遗产。在经济思想领域也是这样，他们说，如果中国不能承担起研究东亚经济思想史，主要是中国古代经济思想史的重担，日本将不得不担负起这个任务。这样的事情，希望在我辈时代不再发生。

现在正有越来越多的有识之士认识到，农业和农村、农民问题仍然是我们当前面临的最主要问题。农村是我们的一个最大消费市场，但是如何开发这个大市场，还没有一个根本的办法。本来不管作为农业或者工业或者服务业都是一个经济健康发展所必不可少的，但是由于指导思想实际上的重工轻农倾向，导致我国的农业经济基础十分薄弱，长期来二元经济模式变化很慢。如何解决这个问题，直接影响到我国经济的腾飞。而美国新政农业发展经验为我们提供了一个极好的案例。

美国农业作为最重要的基础部门历来为各届政府所重视。美国农业部在内战结束后成立,并在1880年代末成为美国政府内阁成员,新政时期成为联邦政府最大的行政部门。由于美国农业开始就形成的外向性,对世界市场的依赖直接制约着它的发展。第一次世界大战结束后,欧洲恢复了生机,而美国此时并没有对国内农业生产进行调整,继续进行生产,直接造成了粮食过剩。过剩问题是当时美国面临的最头疼问题,然而各种办法都没能解决根本问题。在新政开始前,农业持续萧条已经在很大程度上拖累到整个经济体系的前进,危机最终造成农村金融体系崩溃,殃及整个国家的财政金融制度,带来1929年的大萧条,农业长期持续的不景气是一个绝对主要的原因。由此可见,农业作为人类赖以生存的产业部门,是没有任何产业部门可以替代的,美国尚且是这样,中国更是这样,而且,在可以预见的将来始终都会保持这样。对于农业、农村和农民问题我们丝毫马虎不得。

我国应当借鉴美国经验,实事求是地研究并建设农产品常平仓制度。现实地看,长期以来,我国总是走不出农产品产量波动的循环,由于产量波动和政策多变,经常出现农民卖粮难、卖猪难,毁弃农产品,在各地不断出现争夺农产品资源的所谓"大战"等不正常现象,这种现象一方面影响到我国加工工业和其他相关行业的正常发展,也从根本上挫伤农民生产的积极性,误导农民决策,而且长期内会更大程度上导致农业基础不稳,这其中有天气原因,也有政策原因,但是从根源上寻找,如何杜绝气候对农产品生产的影响,可能是根本的问题。由于我国有着世界上其他任何国家都无法比拟的悠久的农业历史、沉重的农业人口负担和无论怎样说都不过份的农业问题，导致我们总要强调农业的基础地位的重要性，总要强调解决我们的农民收入低问题的严重，但是这样的问题何时才能真正解决，一要看我们的决心，二要看我们是否采取根本的政策和方法。

总之，古老的话题至今依旧，但是重新提起却有不同的含义，在中华民族崛起、中华民族伟大复兴来临的征程上，在我国发展现代化农业的进程中，如何借鉴古代农业思想中的合理成分，复活古代优秀制度，如何借鉴世界文化优秀成果，为最终解决我国农业问题做贡献，即古为今用、洋为中用，我们还有很长的路要走。

谢　辞

"蓼彼萧斯，零露瀼瀼。既见君子，为龙为光。其德不爽，寿考不忘"。

重新修订完这本小册子，此刻的心情一如《诗经·小雅·蓼萧》所言，心中涌起对我的博士导师谈敏教授的阵阵感激之情。1994年在武汉大学参加中国经济思想史学会年会期间，初次见到恩师谈敏教授，并加入中国经济思想史学会，此后便踏上了探究中国经济思想史的漫漫长路，屈指算来已整整二十载。"王弼注《易》直发胸臆，不如郑玄等师承有来也。"二十年"弹指一挥间"，作为学生，我既有幸聆听谈老师金玉之章，初步师承专业、窥到中国经济思想史门径，更细细领略了老师人格的高尚、治学的严谨、处世的儒雅，以及作为长者和尊者对人事的宽严相济之道，同时还深深地品味了治学的种种艰辛和处事心态平和之重要。

记得在博士就读期间，老师曾说，你们应当学习如何把中国经济思想史研究做到最好。这句话至今丝毫都未敢忘怀。十多年过去，尽管仍不免为稻粱谋，但是，自己学术人生的最大动力，大概始终与这句看似平常的话语颇有关联：这既是前辈的谆谆嘱托与期待，也是后学无法忘却和推脱的责任，期待着有一天能有更好的文字献给老师……

本书出版得到首都师范大学"重返中国丛书"出版资金的支持和上海财经大学浙江学院科研启动经费的资助。从拙著入选"重返中国丛书"到最终出版，道兄河清博士作为丛书主编，他和北京的中国思想史学者翟玉忠先生等，给予作者非常无私的帮助；中央编译出版社副编审邓永标先生作为本书责任编辑，不厌其烦、细致谨严，对书稿做了大量修订、编辑，提出了不少好建议，并妥善安排各项出版事宜……，这些都令人难以忘怀，作者永怀谢忱。

李超民博士

甲午端午节后于上海明和苑